clave

Borja Vilaseca (Barcelona, 1981) está casado y es padre de una niña y un niño. Trabaja como escritor, divulgador, filósofo, conferenciante, profesor, emprendedor, empresario y creador de proyectos pedagógicos orientados al despertar de la consciencia y el cambio de paradigma de la sociedad.

Es el fundador de KUESTIONA, una comunidad educativa que impulsa programas presenciales y online para que las personas puedan desarrollarse en las diferentes áreas y dimensiones de su vida, presente en siete ciudades de tres países. También es el creador de La Akademia, un movimiento ciudadano que promueve de forma gratuita educación emocional y emprendedora para jóvenes de entre dieciocho y veintitrés años, presente en más de cuarenta ciudades de seis países. Y actualmente está liderando el proyecto Terra, una propuesta de escuela consciente que pretende revolucionar el sistema educativo.

También es uno de los referentes de habla hispana en el ámbito del autoconocimiento, el desarrollo espiritual y la reinvención profesional. Es experto en eneagrama. Desde 2006 ha impartido más de 275 cursos para más de diez mil personas en diferentes países y desde 2017 ofrece sus seminarios en versión online.

Como escritor, ha escrito cuatro libros: *Encantado de conocerme*, *El Principito se pone la corbata*, *El sinsentido común* y *Qué harías si no tuvieras miedo*. Con su pseudónimo, Clay Newman, también ha publicado *El prozac de Séneca* y *Ni felices ni para siempre*. Parte de su obra literaria ha sido traducida y publicada en diecisiete países. Anualmente imparte conferencias en España y Latinoamérica para agitar y despertar la consciencia de la sociedad.

Para más información, visita las páginas web del autor:
www.borjavilaseca.com
www.kuestiona.com
www.laakademia.org
www.terra-ec.com

También puedes seguirlo en sus redes sociales:
 Borja Vilaseca
 @BorjaVilaseca
 @borjavilaseca
 Borja Vilaseca
 Borja Vilaseca Martorell

BORJA VILASECA

Encantado de conocerme

Edición revisada y actualizada

DEBOLS!LLO

Penguin
Random House
Grupo Editorial

Tercera edición actualizada: septiembre de 2019
Octava reimpresión: mayo de 2020

© 2007, 2013, 2019, Borja Vilaseca
© 2013, 2019, Penguin Random House Grupo Editorial, S. A. U.
Travessera de Gràcia, 47-49. 08021 Barcelona

Impreso en Colombia - Printed in Colombia

ISBN: 978-84-663-4889-8

A mi madre, Carmina,
por darme la vida y enseñarme a vivirla

Aquello que no eres capaz de aceptar es la única causa de tu sufrimiento. Sufres porque no aceptas lo que te va ocurriendo a lo largo de la vida y porque el ego te hace creer que puedes cambiar la realidad externa para adecuarla a tus propios deseos, aspiraciones y expectativas. Pero la verdad es que lo único que sí puedes cambiar es la interpretación que haces de los acontecimientos en sí, conociendo y comprendiendo cómo funciona la mente. Si tu interpretación del hecho te reporta sufrimiento es que actúas movido por la ignorancia; si te deja satisfacción, bienestar o armonía no cabe duda de que actúas movido por la sabiduría. Ante cualquier tipo de perturbación, ya sea por miedo, tristeza o ira, hazte una simple pregunta: ¿qué es lo que no estoy aceptando? La respuesta te hará comprender que la limitación que origina todas estas desagradables reacciones está en tu propia mente y no en ninguna otra parte. En realidad, nadie puede hacerte daño emocionalmente: el ego es el que te hace reaccionar automáticamente ante lo que te sucede, te dicen o te hacen. El ego es el único responsable de tu malestar interior, por mucho que te esfuerces en buscar culpables fuera de ti mismo. Cuando compruebas la veracidad de estas afirmaciones a través de tu experiencia personal, dejas de intentar cambiar la realidad externa para acomodarla a las exigencias del ego y comienzas a trabajar sobre tu realidad interna para aprender a aceptarla tal como es. A partir de entonces comprendes que has venido al mundo a aprender a ser feliz por ti mismo, y a aceptar y amar a los demás tal como son. Éste es el llamado camino espiritual.

GERARDO SCHMEDLING

Índice

CONFESIÓN DEL AUTOR 11

I. La finalidad de este libro. 15

II. Ser y ego: las dos caras de la condición humana. . 21

III. ¿Qué es el Eneagrama y para qué sirve?. 31

IV. ¿Cómo funciona el Eneagrama? 41

V. La tríada del instinto (centro visceral) 59
   Eneatipo 1: El que quiere ser perfecto 63
   Eneatipo 9: El que quiere evitar el conflicto. 75
   Eneatipo 8: El que quiere tener el control 85

VI. La tríada del sentimiento (centro emocional). . . . 97
   Eneatipo 2: El que necesita amor 101
   Eneatipo 3: El que necesita valoración 113
   Eneatipo 4: El que necesita atención 123

VII. La tríada del pensamiento (centro intelectual). . . 133
   Eneatipo 5: El que teme expresar sentimientos . . 137
   Eneatipo 6: El que teme tomar decisiones 149
   Eneatipo 7: El que teme sufrir 161

VIII. Cómo pasar de la teoría a la práctica 173

IX. El porqué del viaje interior 181

X. Transformarse a través del pensamiento 191

XI. Código ético para el uso del Eneagrama. 213

BIBLIOGRAFÍA SOBRE EL ENEAGRAMA 219
AGRADECIMIENTOS. 221

Confesión del autor

Felicidades. Seguramente no tengo el placer de conocerte, pero que hayas decidido leer este libro dice mucho acerca de ti. Pone de manifiesto que eres una persona honesta, humilde y valiente, con ganas de mirar hacia dentro para tomar las riendas de tu vida. Te aseguro que ya has hecho lo más difícil: abrirte al cambio. No importa en qué punto de este proceso te encuentres. Conocerte a ti mismo es un camino que no tiene meta. Lo importante es que te comprometas con seguir profundizando.

Deja que me presente. Me llamo Borja Vilaseca. Encantado de conocerte. Quiero ser radicalmente honesto contigo desde el principio: no creo en las casualidades, sino que he verificado empíricamente que existen las causalidades. El hecho de que escribiera en su día este libro —y de que tú lo estés ahora mismo leyendo— es la consecuencia de una serie de causas y efectos que nos han conducido a ambos a este preciso momento. De ahí que, si me lo permites, quisiera explicarte brevemente mi versión de mi propia historia.

No tengo la verdad ni tampoco soy ningún ejemplo de nada. Lo único que puedo ofrecerte es mi pequeña experiencia vital. Quizás algo de lo que he vivido pueda serte de utilidad, nunca se sabe. Nunca fui un alumno aplicado. Para mí, la escuela era sinónimo de obligación y aburrimiento. Ya desde pequeñito adopté el rol de payaso, gamberro y rebelde de la clase. Para que te hagas una idea, cuando sacaba un cinco y medio mis padres me invitaban a cenar fuera para celebrarlo. Eso sí, nunca repetí un solo curso.

Toqué fondo a los diecinueve años, en el año 2000. Me sentía perdido. Estaba lleno de carencias, inseguridades y frustraciones. Y no sabía por qué. La idea de adaptarme al sistema me sumergió en una profunda crisis existencial. Movido por el dolor, la angustia y el sufrimiento, emprendí una búsqueda filosófica para encontrar el sentido de mi vida. Fue entonces cuando decidí salirme del camino trillado, explorando maneras alternativas de pensar y de vivir.

Un punto de inflexión en mi vida

Tras romper con mi burbuja social, la soledad y la lectura se convirtieron en mis mejores amigas. Me pasé cuatro años encerrado en mi cuarto, leyendo a filósofos como Friedrich Nietzsche y Jean-Paul Sartre y a psicólogos como Erich Fromm y Viktor Frankl. También devoraba clásicos como George Orwell, Hermann Hesse o Aldous Huxley. Mientras, estudiaba periodismo y buscaba la verdad enrolándome en diferentes ONG, viajando en solitario a lugares marcados por el conflicto, la pobreza y la enfermedad.

Dicen que el maestro aparece cuando el discípulo está preparado. En mi caso surgió cuando acababa de cumplir los veinticuatro años. Fue entonces cuando me hablaron del Eneagrama. En aquel momento era ateo y todo lo que tenía que ver con el crecimiento personal y la espiritualidad me parecían una chorrada. Sin embargo, estaba tan harto de sentirme vacío que me abrí a lo nuevo y lo desconocido. Poco después me apunté a un curso de introducción al autoconocimiento, que supuso un punto de inflexión en mi vida. Descubrir que tenía ego y saber cuál era mi eneatipo cambiaron mi manera de comprenderme a mí mismo y de concebir al ser humano.

Inspirado por el Eneagrama, me di cuenta de lo profundamente ignorante que era. Tomé consciencia de que yo mismo era la causa de mi sufrimiento y también de mi felicidad. Poco a poco dejé de verme como a una víctima y empecé a tomar las riendas de mi vida. Dejé de leer a Nietzsche y comencé a leer al Dalái Lama. Mi única prioridad era aprender a ser verdaderamente feliz. A partir de entonces me sumergí en la esencia que comparten todos los sabios de la historia. De la mano de Lao Tsé y Siddharta Gautama «Buda» llegué hasta Jiddu Krishnamurti y finalmente hasta Gerardo Schmedling, cuya forma de entender la realidad me hizo despertar.

Por fin sabía cuál era mi lugar en este mundo: democratizar la sabiduría para inspirar un cambio de paradigma, facilitando que otros buscadores aprendan a ser verdaderamente felices y descubran cuál es el auténtico propósito de sus vidas. Y eso hice. Organicé mi primer curso de Eneagrama a los veinticinco años, en el año 2006. Fue entonces cuando todo empezó a cobrar sentido. Mi objetivo era compartir de la manera más sencilla posible los beneficios que aportaba *trabajarse* por medio de esta herramienta de autoconocimiento. Curiosamente, cuanto más la compartía, más aprendía de mí mismo y más curiosidad sentía por seguir avanzando por este apasionante camino.

La última vez que lo reescribo

Sin embargo, me di cuenta de que la mayoría de los participantes se pasaba el seminario tomando apuntes, en vez de *sentir* y *experimentar* dicha información. Para que pudieran vivir el curso desde el corazón —y no tanto desde la cabeza— redacté un documento en el que explicaba las nociones básicas acerca del ego y el ser, describiendo brevemente los nueve tipos de personalidad. Lo entregaba al principio de cada clase, presentándolo como «los apuntes del curso».

Al principio, este documento estaba basado solamente en la lectura de otros libros sobre Eneagrama, así como en mi propia experiencia personal. Eso sí, seminario tras seminario fui modificando, ampliando y profundizando dicho texto. Después de compartir este manual de instrucciones de la condición humana con cientos de personas, empecé a verificar empírica y científicamente el impacto tan positivo que tenía en la vida de las personas conocerse y comprenderse a través de esta herramienta.

En enero de 2008, aquel dossier sobre Eneagrama se convirtió en el libro *Encantado de conocerme*, publicado por Plataforma Editorial. En vez de apuntes, empecé a entregar a los participantes este libro como complemento del curso. En 2013 reescribí por segunda vez este texto, coincidiendo con la publicación en la versión Debolsillo. A día de hoy ya lo han leído más de cien mil personas en diferentes países de España y Latinoamérica. Y lo cierto es que no me canso de compartir esta herramienta. Sigo viviendo los cursos con la pasión, el entusiasmo y el agradecimiento del primer día. Ya he impartido más de doscientos setenta y cinco seminarios para más de diez mil personas, cuyos testimonios son una constante fuente de inspiración para seguir aprendiendo de la condición humana.

Debido a mi afán perfeccionista, he de confesar que es la tercera vez que reescribo este libro. Con la intención de seguir acercando el Eneagrama a las personas que quieran conocerse mejor, dejar de sufrir y ser felices, es un regalo para mí poder presentar esta nueva edición de la editorial Debolsillo. En ella he actualizado lo que he aprendido desde 2013, llegando a reorganizar la estructura del libro e incluir un nuevo capítulo, esperando que aporte todavía más valor y utilidad a los nuevos lectores. Y a pesar de mi carácter perfeccionista, me he prometido a mí mismo que ésta es la última y la definitiva. Deseo de corazón que conocerte a ti mismo a través del Eneagrama también signifique un punto de inflexión en tu vida.

BORJA VILASECA
8 de septiembre de 2019

I

La finalidad de este libro

No creas nada de lo que leas en este libro. Está demostrado que el lenguaje escrito es el menos efectivo de cuantos utiliza el ser humano para comunicarse. El significado de cada palabra viene determinado por la interpretación subjetiva de cada lector. Por eso, en la medida que puedas, verifica la información que se detalla a continuación a través de tu propia experiencia. Además, el conocimiento que buscas no lo encontrarás en éste ni en ningún otro libro sobre la condición humana y el sentido de la existencia. Todo lo que necesitas saber está dentro de ti. Tú eres el maestro y el discípulo: el puente entre ambos es lo que vas aprehendiendo a lo largo de la vida. Esto no quiere decir que desestimes fuentes de información externas a ti, sino que siempre pasen por el filtro de tu experiencia.

Como ser humano, seguramente habrás pensado en algún momento de tu existencia que la vida no tiene ningún sentido. Pero dicho razonamiento filosófico, basado solamente en la lógica y la razón, surge como consecuencia de vivir bajo un determinado estado de consciencia, que a su vez viene acompañado de un limitado grado de comprensión. Al fin y al cabo, todo lo que crees saber acerca del mundo y de los demás es una proyección de lo que en realidad crees que sabes acerca de ti mismo. De ahí la importancia de conocerte a ti mismo.

Para poder evolucionar es importante que reconozcas los

miedos e inseguridades que aparezcan a lo largo de tu camino. Ellos son precisamente los que no te dejan ver con claridad. Además, engañarte a ti mismo no es sostenible a largo plazo. ¿Cuánto tiempo dedicas cada día a estar realmente contigo mismo sin narcotizarte? ¿Controlas tus pensamientos o son ellos los que te dominan a ti? ¿Conoces cómo funciona el proceso de tu mente, o sigues siendo su víctima? ¿Eres consciente de que huir de ti mismo no es la solución, sino el problema? Está claro que puedes mirar a otro lado y seguir viviendo como si no pasara nada, pero tarde o temprano acabarás pagándolo. El malestar que a veces sientes en tu interior no desaparecerá cuando «las cosas vayan mejor». Si no le haces frente, irá agravándose y te provocará cada vez más insatisfacción y sufrimiento.

A fin de llegar a comprender lo que eres y lo que puedes llegar a ser, basta con que aprendas a relajarte y escuches en lo profundo del silencio. Para lograrlo, es necesario que de vez en cuando dediques un rato a estar solo sin hacer nada, aceptando todas aquellas sensaciones que vayan brotando en tu interior, por muy molestas que sean. Seguramente al principio te sientas confuso, e incluso incómodo, pero son síntomas frecuentes en el proceso de autoconocimiento. Después de tantos años moviéndose a su antojo, tu mente está tan dispersa y agitada que no te permite saborear la paz que anhelas.

En esos instantes de soledad y silencio empiezas a ser consciente de que caminas por la vida como si te faltara algo. Experimentas un vacío dentro de ti, el mismo que has tratado permanentemente de llenar con algo procedente del exterior: relaciones personales, exceso de trabajo, objetos materiales, drogas y evasiones de todo tipo. Pero, si eres sincero contigo mismo, enseguida caes en la cuenta de que nada, absolutamente nada de lo que obtienes del exterior, consigue aliviar por mucho tiempo tu ansiedad interna. Más bien sucede todo lo contrario: cuanto más apegado estás al consumo de estímulos externos, más necesitas consumirlos para sentirte temporalmente satisfecho. Así es como se sustenta el sistema económico en el que nos estamos *desarrollando*.

Una invitación a la responsabilidad personal

Lejos de caer en el victimismo, cabe decir que salir de esta rueda sólo depende de ti. El primer paso consiste en asumir que el camino recorrido no te ha hecho feliz, por muy duro que sea reconocerlo. Aceptar la propia ignorancia es un trago amargo, pero imprescindible para aprender a ser verdaderamente feliz. Muchos se niegan la oportunidad de seguir creciendo por una simple cuestión de arrogancia y orgullo. Pero la vida es muy sabia y da a cada uno lo que necesita para aprender. El sufrimiento tiene la función de hacerte sentir que te estás equivocando. Si no atiendes a sus señales, te condenas a vivir en la oscuridad de tu desdicha. Lamentablemente, la mayoría de las personas que han quedado atrapadas en las mazmorras de la ignorancia suelen concluir erróneamente que el negro es el color de la existencia.

Pero la felicidad sí que existe y es sumamente luminosa, aunque no es una meta que se pueda perseguir. Ante todo, porque se trata del estado natural del ser, de lo que eres en esencia. Aparece cuando apagas la mente y conectas más con el corazón. Recuerda los momentos en los que te hayas sentido en paz contigo mismo, con los demás y con la vida. Vivir en ese estado es lo que deseas. Sin embargo, tus estrategias para alcanzarlo suelen ser equivocadas. Estás tan acostumbrado a mirar hacia fuera que te has olvidado de lo más importante: de ti mismo. Éste es el mayor error que solemos cometer todos. Pero es que nadie nos ha enseñado a vivir de acuerdo con nuestra verdadera naturaleza. Lo curioso en estos casos es que el problema es la solución. Tan sólo tienes que asumir la responsabilidad y el compromiso de estar bien contigo mismo, y lo demás irá surgiendo a su debido tiempo.

La finalidad de este libro es animarte a que mires hacia dentro, hacia tu mundo interior. Porque, aunque te cueste reconocerlo, tú eres el responsable de tu felicidad y de tu sufrimiento; en ti conviven la enfermedad y la cura. Y no se trata de nada nuevo. Es algo que se ha repetido hasta la saciedad. Pero los seres humanos tenemos un peculiar rasgo en común: tendemos a olvidar lo que necesitamos recordar y a ser esclavos de esta negligencia. Puede que te parezca imposible, pero la vida cobra sentido cuando te liberas de la esclavitud de la mente. Ésa es la *batalla* que tienes que ganar. El resto de las contiendas te roban mucha energía, y tan sólo proporcionan triunfos estériles que se oxidan con el paso del tiempo.

Ahora mismo, sabiendo todo lo que sabes, tan sólo cabe hacerte una pregunta: ¿hasta cuándo vas a seguir posponiendo lo inevitable? Conquista tu mente y serás libre para ser humano, es decir, consciente de ti mismo y con una infinita capacidad de aceptar y de amar lo que sucede. Entonces comprenderás que estar vivo es un regalo maravilloso, una oportunidad para sentirte cada día profundamente agradecido. Insisto: no te lo creas. Atrévete a verificarlo a través de tu propia experiencia.

II

Ser y ego: las dos caras de la condición humana

Los seres humanos nacemos en la inconsciencia más profunda. Ningún bebé puede valerse por sí mismo. Depende enteramente de otros para sobrevivir física y emocionalmente. Tanto es así, que pasarán muchos años hasta que cuente con un cerebro lo suficientemente desarrollado como para gozar de una cualidad extraordinaria: la «consciencia». Es decir, la habilidad de darse cuenta de que es capaz, de que puede elegir cómo pensar, qué decir, qué comer, cómo comportarse y, en definitiva, qué tipo de decisiones tomar a la hora de construir su propio camino en la vida.

Y no sólo eso. Dentro del útero materno, el bebé se siente conectado y unido a su madre y, por ende, *a todo lo demás*. No obstante, nada más nacer se produce su primer gran trauma: la separación de dicha unión y conexión con su madre —*y con todo lo demás*—, perdiendo por completo el estado esencial en el que se encontraba. De pronto tiene frío y hambre. Y necesita seguridad y protección. Para compensar el tremendo shock que supone abandonar el cálido y agradable útero materno, el bebé comienza a sentir una infinita sed de cariño, ternura y amor.

La mayoría de los cortes o desgarros que nos hacemos se regeneran con el paso del tiempo. Sin embargo, la *herida de nacimiento* generada por el parto es tan brutal, que como recuerdo nos queda una cicatriz —coloquialmente conocida como «ombligo»—, la cual perdura en nuestro cuerpo para la posteridad. Parece como una señal que nos recuerda aquello que hemos perdido. O dicho de otra manera: aquello que necesitamos recuperar para volver al estado esencial de unión y conexión que en su día todos experimentamos.

Sea como fuere, desde el mismo día de nuestro nacimiento, cada uno de nosotros hemos ido perdiendo el contacto con nuestro «ser», también conocido como «esencia» o «yo verdadero». Es decir, la *semilla* con la que nacimos y que contiene la *flor* que somos en potencia. El ser es el *lugar* en el que residen la felicidad, la paz interior y el amor, tres cualidades de nuestra auténtica naturaleza, las cuales no tienen ninguna causa externa; tan sólo la conexión profunda con lo que verdaderamente somos. En el ser también se encuentra nuestra vocación, nuestro talento y, en definitiva, el inmenso potencial que todos podemos desplegar al servicio de una vida útil, creativa y con sentido.

El regalo de estar vivo

Desde un punto de vista emocional, cuando reconectamos con el ser disponemos de todo lo que necesitamos para sentirnos completos, llenos y plenos por nosotros mismos. Entre otras cualidades innatas, el ser nos acerca a la responsabilidad, la libertad, la confianza, la autenticidad, el altruismo, la proactividad y la sabiduría, posibilitando que nos convirtamos en la mejor versión de nosotros mismos. Es sinónimo de luz. Así, estamos en contacto con nuestra verdadera esencia cuando estamos muy relajados, tranquilos y serenos. Cuando independientemente de cómo sean nuestras circunstancias externas, a nivel interno sentimos que todo está bien y que no nos falta de nada. Cuando vivimos de forma consciente, dándonos cuenta de nuestros automatismos psicológicos. Cuando somos capaces de elegir nuestros pensamientos, actitudes y comportamientos, cosechando resultados emocionales satisfactorios de forma voluntaria. Cuando logramos relacionarnos con los demás de forma pacífica, constructiva y armoniosa, tratando de comprender en vez de querer que nos comprendan primero. Cuando dejamos de quejarnos por lo que nos falta y empezamos a valorar y agradecer lo que tenemos.

También estamos en contacto con el ser cuando dejamos de perturbarnos a nosotros mismos, haciendo interpretaciones de la realidad mucho más sabias, neutras y objetivas. Cuando aceptamos a los demás tal como son, ofreciendo en cada interacción lo mejor de nosotros mismos. Cuando vivimos en el presente, disfrutando plenamente del aquí y del ahora. Cuando permanecemos en silencio y escuchamos con toda nuestra atención las señales que nos envía nuestro cuerpo. Cuando conseguimos ver el aprendizaje de todo cuanto nos sucede. Cuando sentimos que formamos parte de la realidad y nos sentimos *uno* con ella. Cuando experimentamos una profunda alegría y gratitud por estar vivos. Cuando confiamos en nosotros mismos y en la vida. Cuando abandonamos la necesidad de querer cambiar el mundo y lo aceptamos tal como es, aportando sin expectativas nuestro granito de arena. Cuando reconocemos no saber y nos mostramos abiertos mentalmente a nuevas formas de aprendizaje...

Del mismo modo que sabemos cuándo estamos enamorados, *sabemos* perfectamente cuándo estamos en contacto con el ser. No tiene nada que ver con las palabras, la lógica o la razón. Más bien tiene que ver con el arte de ser, estar y relajarse. Y con la sensación de conexión y unión. Lo cierto es que todos hemos vivido momentos esenciales, en los que nos hemos sentido libres para fluir en paz y armonía, como si estuviéramos conectados con los demás de una forma que supera nuestra capacidad de entendimiento. Al regresar al lugar del que partimos y del que todos procedemos, experimentamos un punto de inflexión en nuestra forma de comprender y de disfrutar de la vida. Empezamos a vivir de dentro hacia fuera. Y por más que todo siga igual, al cambiar nosotros, de pronto todo comienza a cambiar. Sabios de diferentes tiempos lo han venido llamando «el despertar de la consciencia».

La insatisfacción crónica del ego

Debido a nuestro complejo proceso de evolución psicológica, desde el día en que nacemos nos vamos desconectando y enajenando del ser, el cual queda sepultado durante nuestra infancia por el «ego». Así es como perdemos, a su vez, el contacto con la felicidad, la paz interior y el amor que forman parte de nuestra verdadera naturaleza. Y, como consecuencia, empezamos a padecer una sensación de vacío e insatisfacción crónicos.

El ego es nuestro instinto de supervivencia emocional. También se le denomina «personalidad» o «falso yo». No en vano, el ego es la distorsión de nuestra esencia, una identidad ilusoria que sepulta lo que somos verdaderamente. Es como un escudo protector, cuya función consiste en protegernos del abismo emocional que supone no poder valernos ni sobrevivir por nosotros mismos durante tantos años de nuestra vida. El ego —que en latín significa «yo»— también es la máscara que hemos ido *creando* con *creencias* de segunda mano para adaptarnos al entorno social y económico en el que hemos nacido y nos hemos desarrollado.

Así, el ego nos lleva a construir un personaje con el que interactuar en el gran teatro de la sociedad. Y no sólo está *hecho* de creencias erróneas, limitantes y falsas acerca de quiénes verdaderamente somos. El ego también se asienta y se nutre de nuestro lado oscuro. De ahí que suela utilizarse la metáfora de la «iluminación» para referirse al proceso por medio del cual nos damos cuenta de cuáles son los miedos, inseguridades, carencias, complejos, frustraciones, miserias, traumas y heridas que venimos arrastrando a lo largo de la vida. Por más que las obviemos y no las queramos reconocer, todas estas limitaciones nos acompañan las veinticuatro horas al día, distorsionando nuestra manera de ver el mundo, así como la forma en la que nos posicionamos frente a nuestras circunstancias.

Por mucho que podamos sentirnos identificados con él, no somos el ego. Ante todo porque el ego no es real. Es una creación de nuestra mente, tejida por medio de creencias y pensamientos. Sometidos a su embrujo, interactuamos con el mundo como si lleváramos puestas unas gafas con cristales coloreados, que limitan y condicionan todo lo que vemos. Y no sólo eso: con el tiempo, esta percepción subjetiva de la realidad limita nuestra experiencia, creándonos un sinfín de ilusiones mentales que imposibilitan que vivamos en paz y armonía con nosotros mismos y con los demás. Vivir desde el ego nos lleva a estar tiranizados por un «encarcelamiento psicológico»: al no ser dueños de nosotros mismos —de nuestra actitud—, nos convertimos en esclavos de nuestras reacciones emocionales y, en consecuencia, de nuestras circunstancias.

EGOCENTRISMO, VICTIMISMO Y REACTIVIDAD

Del ego surge el victimismo, la esclavitud, el miedo, la falsedad, el egocentrismo, la reactividad y la ignorancia, generando que nos convirtamos en un sucedáneo de quien en realidad somos. Es sinónimo de sombra y oscuridad. Así, estamos identificados con el ego cuando estamos muy tensos, estresados y desequilibrados. Cuando permitimos que nuestro estado de ánimo dependa excesivamente de situaciones o hechos que escapan a nuestro control. Cuando nos sentimos avergonzados, inseguros u ofendidos. Cuando vivimos de forma inconsciente, con el piloto automático puesto, casi sin darnos cuenta. Cuando nos tiranizan pensamientos, actitudes y comportamientos tóxicos y nocivos, cosechando resultados emocionales insatisfactorios de forma involuntaria.

También estamos identificados con el ego cuando tratamos de que la realidad se adapte constantemente a nuestras necesidades, deseos y expectativas. Cuando nos perturbamos a nosotros mismos, victimizándonos y culpando a otras personas de lo que nos sucede. Cuando nos tomamos las cosas que pasan o los comentarios de los demás como algo personal. Cuando no aceptamos a los demás tal como son, tratando de cambiarlos para amoldarlos a como, según nosotros, deberían de ser. Cuando nos lamentamos por algo que ya ha pasado o nos preocupamos por algo que todavía no ha sucedido, marginando por completo el momento presente. Cuando somos incapaces de estar solos, en silencio, sin hacer nada, sin estímulos ni distracciones de ningún tipo.

Seguimos tiranizados por el ego cuando exigimos, criticamos o forzamos a los demás. Cuando nos encerramos en nosotros mismos por miedo a que nos sucedan cosas desagradables. Cuando nunca tenemos suficiente con lo que nos ofrece la vida. Cuando reaccionamos mecánica e impulsivamente, perdiendo el control de nuestros actos. Cuando actuamos o trabajamos movidos por recompensas o reconocimientos externos. Cuando creemos saberlo todo y nos cerramos mentalmente a nuevas formas de aprendizaje. Cuando nos quejamos por lo que nos falta en vez de valorar y agradecer lo que tenemos.

En definitiva, cuando experimentamos cualquiera de estos sentimientos, podemos estar completamente seguros de que seguimos protegiéndonos tras la ilusión de nuestra personalidad, ego o falso yo, que nos hace creer que estamos separados de todo lo demás. En última instancia, este egocentrismo es el que nos lleva a luchar en contra de lo que sucede y a entrar en conflicto con otras personas, sufriendo de forma inútil e innecesaria. Lo cierto es que detrás del miedo, la tristeza y la ira se esconde agazapado el ego, el cual también es responsable de que sintamos que nuestra existencia carece de propósito y sentido.

El ego no es bueno ni malo. No hay que demonizarlo. Vivir identificados con esta máscara tiene ventajas e inconvenientes. Más allá de protegernos, cabe insistir en que el ego es la causa subyacente de todas las causas que nos hacen sufrir. Por eso, al estar identificados con nuestra personalidad o falso yo, es cuestión de tiempo que, hagamos lo que hagamos, terminemos fracasando. Porque, tan pronto como alcanzamos una meta, nos provoca una profunda sensación de vacío en nuestro interior, la cual nos obliga a fijar inmediatamente otro objetivo. El ego nunca tiene suficiente con lo que conseguimos; siempre quiere más. La insatisfacción crónica es la principal consecuencia de vivir identificados con este «yo» ilusorio.

Sin embargo, hay que estar agradecidos al ego por la ayuda que nos brindó a lo largo de nuestra infancia. Sin él, nos habría sido mucho más duro sobrevivir emocionalmente, por no decir imposible. De ahí que éste sea necesario en nuestro proceso de desarrollo. Además, gracias al sufrimiento provocado por el ego, finalmente nos comprometemos con cuestionar el sistema de creencias que nos mantiene anclado a él, iniciando un camino de aprendizaje para reconectar con nuestro verdadero ser. Y esto sucede el día en que nos damos cuenta de que la compañía del ego nos quita más de lo que nos aporta.

Por descontado, desidentificarse del ego no quiere decir librarse de él, sino integrarlo conscientemente en nuestro propio ser. De lo que se trata es de conocer y comprender qué es lo que nos mueve a ser lo que somos para llegar a aceptarnos y, por ende, empezar a recorrer el camino hacia la integración. De ahí surge una comprensión profunda, que nos permite vivir en armonía con nosotros mismos, con los demás y con la vida. El ego y el ser son como la oscuridad y la luz que conviven en una misma habitación. El interruptor que enciende y apaga cada uno de estos dos estados es nuestra consciencia. Cuanto más conscientes somos de nosotros mismos, más luz hay en nuestra vida. Y cuanta más luz, más paz interior y más capacidad de comprender y aceptar los acontecimientos externos, que escapan a nuestro control.

Por el contrario, cuanto más inconscientes somos de nosotros mismos, más oscuridad hay en nuestra existencia. Y cuanta más oscuridad, más sufrimiento y menos capacidad de comprender y aceptar los acontecimientos externos, que en ese estado creemos poder adecuar a nuestros deseos y expectativas egocéntricos. Los únicos que podemos encender o apagar este interruptor somos nosotros mismos. Al principio nos costará creer que existe; más adelante tendremos dificultad para encontrarlo. Pero, si persistimos en el trabajo con nuestra mente y nuestros pensamientos, finalmente comprenderemos cómo conseguirlo. Porque, como todo en la vida, es una simple cuestión de adquirir la información correcta, así como de tener energía y ganas para convertir la teoría en práctica, lo que habitualmente se denomina «aprendizaje». Aunque en este caso resulta algo más complicado, la recompensa que se obtiene es la mayor de todas.

«*Yo* no puedo más de *mí* mismo». ¿Cuántas veces en la vida hemos pronunciado esta desesperada afirmación? Si la observamos detenidamente, corroboramos que dentro de cada uno de nosotros hay una dualidad; dos fuerzas antagónicas —el amor (ser) y el miedo (ego)— que *luchan* por ocupar un lugar destacado en nuestro corazón. Lo cierto es que solo una de ellas es real, mientras que la otra es completamente ilusoria. El viaje de autoconocimiento que propone el Eneagrama consiste en diferenciar entre una y otra, desenmascarando al ego para vivir desde nuestro verdadero ser.

III

¿Qué es el Eneagrama y para qué sirve?

Hay tantos caminos para conocerse a uno mismo como seres humanos hay en este mundo. Estar verdaderamente bien con nosotros mismos es una simple cuestión de sabiduría. Y aunque es cierto que puede aprenderse sin ayudas externas, existen algunas herramientas psicológicas que contribuyen a facilitar, profundizar y acelerar este proceso de autoconocimiento. El Eneagrama es una de ellas. Es como un *manual de instrucciones* de la condición humana mediante el que podemos comprender las motivaciones profundas —muchas veces inconscientes— que hay detrás de nuestras conductas y actitudes.

También podría describirse como un *mapa* de nuestro *territorio* emocional. Cuando visitamos una ciudad que no conocemos, utilizamos un plano geográfico a modo de orientación y referencia. Sabemos que este mapa no es la ciudad en sí misma, pero nos es muy útil para movernos por ella, así como para volver al *centro* cada vez que nos perdemos. De la misma manera, el Eneagrama es un mapa de nuestra personalidad. Esto no quiere decir que describa exactamente todo lo que pasa en nuestro interior. Pero sí puede ayudarnos a descubrir —a modo de orientación y referencia— nuestro lado oscuro (el ego) y nuestro lado luminoso (el ser). Es importante señalar que una vez nos conocemos a nosotros mismos y sabemos cómo recuperar nuestro equilibrio, ya no precisamos de este mapa.

A su vez, el Eneagrama vendría a ser como una *balsa*. La podemos utilizar para cruzar el río que nos separa de la orilla de la ignorancia, la incomprensión y la confusión en la que puede que nos encontremos en estos momentos, hasta la orilla de la sabiduría, la comprensión y el discernimiento donde nos gustaría estar. Eso sí, una vez cruzamos de un lado al otro, la balsa se queda en el río. Cargarla y llevarla con nosotros el resto del camino implicaría caer en el dogma y el fanatismo.

El Eneagrama es una herramienta tan útil y práctica que en la actualidad está siendo utilizada por psicólogos, psiquiatras, psicoanalistas, *coaches* y demás profesionales de la psique humana a fin de darle un enfoque más objetivo y resolutivo a sus terapias. También está siendo usada por los departamentos de recursos humanos de cada vez más empresas para desarrollar la inteligencia emocional de las personas que trabajan para ellas. Incluso es empleada por cada vez más guionistas y escritores para crear personajes más profundos y verosímiles. Lo mejor de todo es que no hace falta ser ningún experto para poder utilizarla. Tan sólo es necesario tener la curiosidad y la voluntad de comprometernos con nosotros mismos, con nuestro propio desarrollo personal.

NUEVE MODELOS MENTALES

La palabra «eneagrama» significa en griego «nueve líneas». Principalmente porque describe, a grandes rasgos, nueve tipos de personalidad, cada uno de los cuales cuenta con su propio «modelo mental». Es decir, el esqueleto psicológico desde el que se originan los pensamientos y donde se instalan las creencias, los valores, las prioridades y las aspiraciones que constituyen nuestra personalidad. Así, el modelo mental vendría a ser como una *lente* a partir de la que filtramos la realidad neutra de forma completamente distorsionada y subjetiva.

Más allá de condicionar nuestra manera de mirar y de comprender la vida, este esqueleto psicológico también determina qué nos mueve a ser como somos y a hacer lo que hacemos; cuáles son nuestros principales rasgos de carácter, incluyendo nuestros defectos y virtudes; en qué aspectos externos solemos basar nuestro bienestar y felicidad; de qué tenemos miedo y de qué huimos; cuáles son nuestras fortalezas y cualidades innatas; cómo queremos que los demás nos vean; e incluso cuál es la *piedra* emocional con la que tropezamos una y otra vez a lo largo de nuestra vida. Es decir, la raíz de la mayoría de nuestros problemas emocionales y conflictos existenciales.

Aunque es imposible encontrar a dos seres humanos con el mismo color de ojos, en general estos son —a grandes rasgos— de cinco colores distintos: marrón, negro, gris, verde y azul. Del mismo modo, si bien cada uno de nosotros cuenta con un modelo mental único e irrepetible, se ha demostrado que existen formas comunes de percibir e interpretar la realidad. Tras realizar miles de entrevistas y de test psicotécnicos, los expertos en Eneagrama han constatado científicamente que existen nueve esqueletos psicológicos genéricos, cada uno de los cuales marca una tendencia de pensamiento y de comportamiento.

A pesar de que las circunstancias sociales, culturales y económicas en las que hemos nacido son importantísimas para comprender por qué somos como somos, nuestra *forma de ser* viene dada —sobre todo— por la estructura del modelo mental con la que nacimos. Para verificar esta afirmación, basta con echar un vistazo a la conducta de los miembros de una misma familia. Pongamos, por caso, el de una pareja con nueve hijos. Dado que se han desarrollado en una misma sociedad, a todos ellos se les ha impuesto un mismo condicionamiento. Y al haber sido educados bajo un mismo techo, también han recibido —en mayor o menor medida— la misma influencia por parte de sus padres.

Sin embargo, ya desde pequeñitos cada uno de los nueve hijos suele desarrollar un tipo de personalidad diferente a la de sus hermanos. Unos son más extrovertidos y otros, más introvertidos. Unos son más dependientes y otros, más autónomos. Unos son más miedosos y otros, más atrevidos. Unos son más movidos y otros, más tranquilos... En definitiva, cada uno de ellos piensa, siente y se comporta de un modo diferente.

Aunque todos ellos han sido *educados* bajo un mismo paradigma socioeconómico, cada uno lo ha interpretado y procesado de forma subjetiva, acorde con su modelo mental particular. Y esto, a su vez, es lo que ha marcado la creación de su personalidad. Por eso, frente a una misma circunstancia —como por ejemplo el divorcio de sus padres, la entrada en el desempleo o el nacimiento de un hijo—, cada uno de los nueve hermanos —en función de su esqueleto psicológico— realizará una interpretación subjetiva de ese mismo hecho, obteniendo un resultado emocional diferente en su interior.

En este sentido, para descubrir qué es lo que verdaderamente necesitamos para ser felices, sentirnos en paz y aprender a amar —sean cuales sean nuestras circunstancias externas—, es interesante —por no decir imprescindible— conocer y comprender el funcionamiento de nuestro modelo mental. Y esto es precisamente lo que puede aportarnos el *trabajo interior* realizado por medio de la herramienta del Eneagrama.

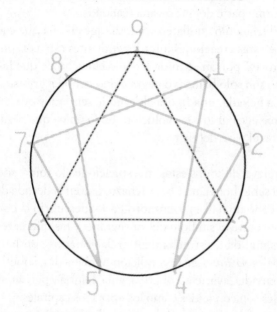

Diferentes investigadores constatan que en este símbolo de origen milenario se condensa gran parte de la sabiduría universal —procedente de diferentes tradiciones espirituales y religiosas— con los últimos descubrimientos realizados en Occidente, liderados por la física cuántica y la psicología transpersonal. Aunque existe mucha confusión acerca de sus orígenes, lo que sí se sabe con certeza es el nombre del primer autor que manejó esta herramienta: el místico armenio-griego George Ivanovich Gurdjieff, fundador durante la primera mitad del siglo xx de un grupo llamado Seekers After Truth (Buscadores de la Verdad).

Gurdjieff explicaba a sus discípulos que el símbolo del Eneagrama representa tres leyes mediante las cuales se rige nuestra existencia:

- El círculo, que simboliza la idea de que todo lo creado forma parte de una misma realidad.
- El triángulo equilátero central, que enseña que cada una de estas creaciones interdependientes está compuesta, a su vez, por una trinidad, como el hecho de que las cosas no son sólo blancas o negras, sino también grises.
- La hexada, una figura abierta de seis lados que muestra que el cambio y la evolución son lo único que permanece con el paso del tiempo.

El relevo de todas estas investigaciones lo tomó años más tarde el sabio boliviano Óscar Ichazo, que en la década de 1950 llevó a cabo un hallazgo extraordinario: descubrió la conexión existente entre el símbolo del Eneagrama y los diferentes tipos de personalidad, estrechamente relacionados con las nueve principales *pasiones* de la condición humana: ira, soberbia, vanidad, envidia, avaricia, cobardía, gula, lujuria y pereza, siete de las cuales son conocidas como los «pecados capitales».

Gracias al psiquiatra chileno Claudio Naranjo —uno de los principales discípulos de Ichazo—, a partir de la década de 1970 el Eneagrama fue democratizándose por Estados Unidos y Europa, convirtiéndose en la herramienta de psicología práctica que conocemos hoy en día. En España, por ejemplo, el primer libro se publicó a finales de la década de 1990. Entre los seguidores de la obra de Ichazo y de Naranjo, destacan otros importantes autores contemporáneos como Robert Ochs, Don Richard Riso, Russ Hudson, Helen Palmer, Sandra Maitri, Isabel Salama y Maite Melendo, de quien aprendí el Eneagrama a principios de 2005.

DEL EGO AL SER

Desde la perspectiva del Eneagrama, cada ser humano es único y diferente, pero todos nacemos a partir de una energía común, materializada mediante nueve cualidades o virtudes inherentes a nuestra naturaleza: serenidad, humildad, autenticidad, ecuanimidad, desapego, coraje, sobriedad, inocencia y proactividad. Aunque estos nueve rasgos innatos forman parte de nuestra condición humana, uno de ellos es el que determina —en mayor o menor medida— nuestra verdadera esencia. Eso no quiere decir que dos personas con un mismo eneatipo sean iguales. Pero sí que contarán con una serie de patrones de conducta muy parecidos —determinados por el modelo mental o esqueleto psicológico—, cuyas variaciones dependerán del amor y la estabilidad que experimentaron durante la infancia, así como del condicionamiento sociocultural recibido o la genética, entre otros factores.

De hecho, sean cuales sean nuestras circunstancias externas, los expertos en Eneagrama sostienen que, por muy cariñosos que hayan sido nuestros padres, la tremenda experiencia que supone el parto suele dejarnos heridas psicológicas profundas. A lo largo de nuestra infancia, éstas se van abriendo e intensificando, y provocan que nuestra necesidad de amor pueda llegar a ser desmesurada. Ésta es la razón de que los primeros seis años de vida siempre tengan un gran impacto en el posterior desarrollo de nuestra personalidad y, por ende, en la desconexión con el ser.

Eso sí, cuanto más amor y estabilidad hayamos recibido durante esos años —o más percibamos haber recibido—, menor necesidad habremos tenido de protegernos bajo la falsa identidad del ego. A partir de esta percepción subjetiva y distorsionadora, el ser comienza a ser sepultado por una serie de patrones de conducta inconscientes. Cuanto menos nos aman o menos amor creemos estar recibiendo, más fuerte y dura se vuelve nuestra personalidad, ego o falso yo, sin mencionar los casos de maltratos físicos y psíquicos, cuyas experiencias traumáticas provocan que este escudo protector sea inmensamente más desproporcionado que el de la mayoría.

Con el paso de los años, incorporamos una serie de comportamientos impulsivos, que se disparan automáticamente como reacción a lo que sucede fuera. Así, estos mecanismos de protección terminan por *fijarse* en nosotros, transformándose en nuestra «forma de ser», aunque en realidad se trata de nuestra «falsa forma de ser». Este proceso de identificación genera que empecemos a creer que somos nuestra personalidad, ego o falso yo. Por eso normalmente reaccionamos de una misma forma frente a determinados estímulos externos, cosa que nos impide ser del todo libres. Y es que cuanto más egocéntricos somos, menor es nuestra capacidad de aceptar lo que no depende de nosotros, y mayor y más intenso es nuestro sufrimiento.

Así, conocer cuál es nuestro tipo de personalidad a través del Eneagrama nos sirve para liberarnos de nuestra ignorancia e inconsciencia. O dicho de otra manera: nos ayuda a identificar y trascender las limitaciones del ego para reconectar con las cualidades y fortalezas de nuestra verdadera esencia. Además de responder a la pregunta «¿por qué somos como somos?», este manual de instrucciones de la condición humana también nos ayuda a cultivar la empatía y la compasión. No en vano, nos proporciona un mapa objetivo de la personalidad humana, a través del que podemos comprender más profundamente las motivaciones que hay detrás del comportamiento de las personas con las que nos relacionamos en nuestro día a día. Ya que nadie puede cambiar a otro ser humano —siempre es uno mismo el que decide cambiar—, es fundamental aprender a aceptar a los demás tal como son. Si no, el conflicto está garantizado.

IV

¿Cómo funciona el Eneagrama?

Muchas veces el desconocimiento del Eneagrama provoca que se lo describa como un medio de encasillar o etiquetar a las personas. Pero la experiencia demuestra todo lo contrario. Esta herramienta psicológica, encaminada a hacer consciente el complejo proceso de nuestra mente, muestra la caja en la que cada uno de nosotros se ha ido encerrando y los pasos necesarios para que podamos salir de ella. Sólo así podremos volver a conectar con nuestra esencia más profunda. Fruto de ese reencuentro con lo que somos verdaderamente, surge dentro de nosotros la paz interior que siempre hemos estado buscando fuera. A este estado natural de conexión con el ser también se lo conoce como «felicidad».

El Eneagrama describe nueve «eneatipos». Es decir, nueve modelos mentales, esqueletos psicológicos o tipos de personalidad, cada uno de los cuales puede vivirse desde el ego o desde el ser, en función de nuestro nivel de consciencia, nuestro grado de comprensión y nuestro estado de ánimo. Y para facilitar el manejo y la comprensión de esta herramienta de autoconocimiento, se emplean nueve números. Estos podrían ser letras o nombres de animales; en sí mismos no tienen ningún significado. El Eneagrama no está relacionado con la numerología ni nada por el estilo.

Cada uno de nosotros nace con un eneatipo determinado.

Es decir, en contacto con una de las nueve esencias que define el Eneagrama. Sin embargo, durante nuestra infancia desarrollamos de forma irremediable nuestro correspondiente tipo de ego para protegernos y sobrevivir emocionalmente. Y dado que nadie nos ha enseñado a conocernos a nosotros mismos y vivir desde lo esencial, la mayoría de los adultos solemos estar identificados con nuestro falso concepto de identidad. De ahí que nuestra existencia suela estar marcada, en mayor o menor medida, por la lucha, el conflicto y el sufrimiento.

Para poder crecer y evolucionar como seres humanos, el primer paso consiste en identificar cuál es nuestro eneatipo principal: aquel que determina nuestra herida de nacimiento. Es decir, lo que nos mueve inconscientemente a crear e identificarnos con el ego para evitar sentir el dolor, el vacío y la ansiedad que nos produce el vivir desconectados del ser. A su vez, nuestro eneatipo principal determina nuestro rasgo más característico de comportamiento, tanto cuando vivimos identificados con el ego como cuando reconectamos con nuestro verdadero ser. Si bien al investigar los nueve tipos de personalidad nos veremos reflejados en todos ellos, al profundizar lo suficiente verificaremos que sólo uno de estos nueve eneatipos define con más exactitud nuestro modelo mental particular. No se trata de quedarnos con las conductas y actitudes superficiales, sino con las motivaciones inconscientes y ocultas que las generan.

En este sentido, cabe señalar que el proceso de autoconocimiento que propone el Eneagrama está compuesto por cinco fases. Pongamos por caso que nuestro eneatipo principal es el 5. Así, el proceso vendría a ser el siguiente:

1.ª fase: *No sé que soy el eneatipo 5.* Dado que no conozco el Eneagrama, no sé lo que es un eneatipo y mucho menos un 5.

2.ª fase: *Sé que soy el eneatipo 5.* Al realizar el *trabajo interior* que propone esta herramienta, verifico racionalmente que el eneatipo 5 es con el que me siento más identificado.

3.ª fase: *Sé por qué soy el eneatipo 5.* Al ir profundizando, siento emocionalmente el dolor inherente a mi herida de nacimiento, desde la que surgen las carencias, los miedos y las frustraciones desde las que he construido mi tipo de personalidad.

4.ª fase: *Sé para qué soy el eneatipo 5.* En la medida que voy sanando mis heridas emocionales, reconecto con mi verdadero ser, descubriendo el propósito de mi vida, empezando a manifestar mis virtudes, cualidades y fortalezas esenciales.

5.ª fase: *Sé que no soy el eneatipo 5.* Una vez me conozco a mí mismo, trasciendo la herramienta del Eneagrama, pues *lo que soy* no puede encorsetarse en ningún eneatipo ni mucho menos en un número. Al llegar a este punto, ya no necesito de ésta ni de ninguna otra guía para seguir mi propio camino en la vida. Podré perderme muchas veces más a lo largo de la vida, pero ya sabré cómo volver a encontrar mi centro sin ayuda de mapas ni referentes externos.

DESCENTRAMIENTO Y CENTRAMIENTO

Desde la perspectiva del Eneagrama, nuestra forma de ser no sólo viene determinada por nuestro eneatipo principal, sino que también está estrechamente relacionada con otros dos eneatipos más: aquellos a los que nos descentramos y nos centramos. Así, cuando pasamos por una situación de estrés, desequilibrio y malestar prolongada, adoptamos los patrones de conducta egocéntricos de otro eneatipo, un movimiento denominado «descentramiento» o «desintegración».

Nos descentramos cuando nos identificamos en exceso con el ego; como resultado, empezamos a reaccionar automáticamente cuando la realidad no se ajusta a nuestras necesidades, deseos y expectativas. Son esos días negros en los que nos sentimos vacíos, inseguros, preocupados, irritables e incómodos con nosotros mismos y con los demás. Cuando estamos descentrados parece que el mundo entero está en nuestra contra. Son esos momentos en los que nuestra mente nos bombardea con pensamientos negativos y desagradables, que finalmente nos conducen a buscar alguna fuente de entretenimiento que nos permita evadirnos de nosotros mismos.

El descentramiento es un proceso inconsciente que se desencadena cuando hemos llevado al extremo las estrategias egocéntricas movidas por nuestro tipo de personalidad. Se trata de un mecanismo de defensa encaminado a desahogar toda la presión y malestar acumulados. Sería algo así como una válvula de escape que nos genera un alivio temporal. Si no somos conscientes del desgaste emocional que supone esta desintegración momentánea, corremos el riesgo de caer en las garras del miedo, la ira y la tristeza. Y si no hacemos nada para remediarlo, puede arrastrarnos incluso al borde de la depresión. Por ejemplo, el eneatipo 1 se descentra al 4, asumiendo los pensamientos y conductas egocéntricos de este tipo de personalidad.

Para recuperar nuestro centro —nuestro equilibrio interior— nos conviene poner en práctica ciertos comportamientos y actitudes esenciales de otro eneatipo, un movimiento denominado «centramiento» o «integración». A diferencia del descentramiento —que es un proceso totalmente inconsciente y automático—, el centramiento es un esfuerzo consciente y voluntario, que surge a raíz de comprender quiénes somos y qué necesitamos para ser verdaderamente felices. El centramiento es una invitación a comprometernos con nuestro proceso de desarrollo personal. Por un lado, consiste en cuestionar el sistema de creencias que nos mantiene anclados al ego. Y por el otro, introducir nueva información en nuestra mente para cultivar nuevas conductas más constructivas con las que obtener nuevos y mejores resultados a nivel emocional. Esta sabiduría la obtenemos al centrarnos al eneatipo correspondiente, marcado a través del símbolo del Eneagrama.

Estamos centrados cuando nuestra mente está relajada, permitiéndonos estar muy atentos para controlar nuestras reacciones impulsivas y dejar de ser víctimas del ego. En este estado de consciencia, nos sentimos alegres de poder disfrutar de la vida tal como es, sin necesidad de recurrir a ningún tipo de evasión para huir de nosotros mismos. En esos instantes «esenciales» nos abraza una paz y felicidad duraderas que nos permiten interactuar con los demás como si fueran parte de nosotros mismos. Son esos días maravillosos, en los que aceptamos sin reservas lo que sucede, sonriendo y cantando sin otro motivo que el de estar vivos.

Por ejemplo, el eneatipo 1 se centra al 7, adoptando los pensamientos y comportamientos esenciales de este modelo mental. Así, para verificar cuál es nuestro eneatipo principal, es necesario corroborar la correlación existente con los eneatipos a los que se descentra y centra, respectivamente, tal como muestran las flechas del símbolo del Eneagrama.

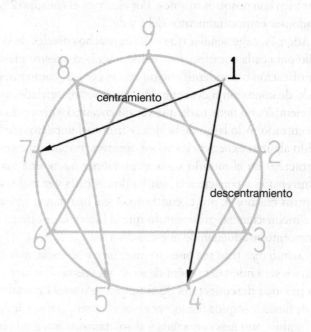

Más allá de descubrir cuál es nuestro eneatipo principal y corroborar que efectivamente nos descentramos y centramos a los tipos de personalidad correspondientes, desde la perspectiva del Eneagrama nuestra forma de ser también puede estar muy condicionada por los tipos de personalidad situados a la derecha y la izquierda de nuestro eneatipo principal. Son las llamadas «alas». Ciertas personas tienen dos alas; otros, una y algunos, ninguna.

Los expertos en Eneagrama sostienen que la mayoría de los seres humanos tenemos un ala dominante, que influye sobre nuestro eneatipo principal, tanto desde el ego como desde el ser. Es importante saber la influencia que podemos estar recibiendo de estas alas, ya que nos ayuda a conocer más detalladamente las trampas a las que hemos de enfrentarnos para llegar a estar bien con nosotros mismos. Por ejemplo, el eneatipo 2 puede adoptar comportamientos del 1 y del 3.

Además, cabe señalar que existen muchos niveles de desarrollo para cada eneatipo, los cuales describen nuestro nivel de identificación o desidentificación con el ego, así como nuestro grado de conexión o desconexión con nuestro verdadero ser. Por ejemplo, no tiene nada que ver un eneatipo 6 centrado que descentrado. A lo largo de la vida, y fruto del impacto que han tenido algunas experiencias sobre nosotros, nuestra manera de interactuar en el mundo suele evolucionar hacia una mayor comprensión y consciencia, sintiéndonos cada vez mejor con nosotros mismos o, por el contrario, hacia una mayor ignorancia e inconsciencia, provocando que la lucha, el conflicto y el sufrimiento se adueñen de nuestro día a día.

Cuanto más bajo sea nuestro nivel de consciencia, más egocéntrica será nuestra manera de ser, y viceversa. Por ejemplo, una persona desconectada de sí misma se quejará cuando un día de lluvia le impida ir a tomar el sol a la playa con sus amigos. En cambio, otra más conectada y absolutamente integrada en la

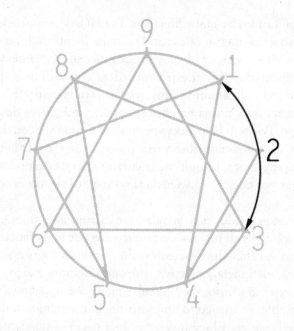

vida, se adaptará a las circunstancias. Quizá se quede en casa contemplando la lluvia desde su ventana, aproveche para leer tranquilamente o decida quedar con esos mismos amigos en un entorno donde puedan guarecerse de la lluvia. El hecho externo es el mismo para los dos, pero la reacción emocional es distinta, según su grado de sabiduría. Con la ayuda del Eneagrama podemos liberarnos de nuestro egocentrismo y caminar por la vida adoptando la postura que más bienestar nos reporte en cada momento.

LOS CUATRO ESTADOS DE CONSCIENCIA

Vivimos en una sociedad tan inconsciente que hasta hace poco la Real Academia Española (RAE) consideraba que las palabras «conciencia» y «consciencia» eran sinónimos. Sin embargo, tienen significados bastante diferentes. Por un lado, «conciencia» es esa vocecita interior que cuando vivimos identificados con el ego nos dice lo que está bien y lo que está mal. Y cuando vivimos conectados con nuestra verdadera esencia nos inspira a dar lo mejor de nosotros mismos en cada momento y frente a cada situación, sin caer en juicios morales y subjetivos de ningún tipo. Por otro lado, «consciencia» tiene que ver con darse cuenta, estar presente, observarse a uno mismo y, en definitiva, vivir aquí y ahora. El quid de la cuestión es que no podemos regirnos por nuestra conciencia si no vivimos de forma consciente.

En este sentido, cabe señalar que existen diferentes estadios evolutivos en función de nuestro nivel de consciencia. El primero se llama «Inconsciente». En él vivimos de forma egocéntrica, victimista y reactiva, culpando siempre a algo o alguien externo a nosotros. Ridiculizamos y nos oponemos violentamente al autoconocimiento porque tenemos mucho miedo al cambio. El segundo se conoce como «Consciente de la inconsciencia». Es decir, nos damos cuenta de que tenemos un lado oscuro y de que hay algo en nuestro interior que podríamos revisar, en vez de malgastar toda nuestra energía en cambiar a los demás y el mundo en el que vivimos. Es entonces cuando, movidos por una saturación de sufrimiento, nos adentramos en una crisis existencial que nos conduce a la humildad de estar abiertos a conocernos mejor y de cuestionar nuestro estilo de vida. Pero debido a nuestra falta de comprensión y de entrenamiento seguimos en conflicto con nosotros mismos y con la realidad. En esta etapa solemos decir: «¡Qué felices los ignorantes!».

El tercer nivel se denomina «Consciente». Aquí ya nos conocemos mejor y nuestro ego está más o menos integrado, con lo que somos altruistas, responsables y proactivos, sabiendo cómo cultivar un bienestar duradero. Se activan capacidades más elevadas que nos permiten afrontar la adversidad como una oportunidad de aprendizaje. Descubrimos quiénes verdaderamente somos —más allá del personaje— y se revela nuestro propósito de vida. Finalmente, la cuarta etapa se llama «Consciente de la conciencia». Totalmente desidentificados del ego, nos fundimos con la realidad, comprehendiendo que el observador y lo observado son lo mismo. El silencio y la meditación se convierten en compañeros de viaje para preservar la profunda sensación de conexión, unidad y totalidad que se siente en el interior. Paradójicamente, se trata de una experiencia mística donde no hay lugar para el experimentador. Suele ser un estado temporal, que deja una huella imborrable en la memoria del corazón.

Estos cuatro estados de consciencia no son lineales, sino que se transitan en espiral. A veces damos tres pasos hacia delante y dos para atrás. Eso sí, la sabiduría que se adquiere por el camino jamás se pierde; se acumula en nuestra conciencia, a la cual accedemos cuando vivimos de forma consciente. De ahí que se suela utilizar la metáfora del «despertar» para aquellos que se han dado cuenta de la importancia de mirar hacia dentro, respetando los procesos de quienes siguen «dormidos» —en lucha y conflicto consigo mismos— por estar constantemente perdidos mirando hacia fuera.

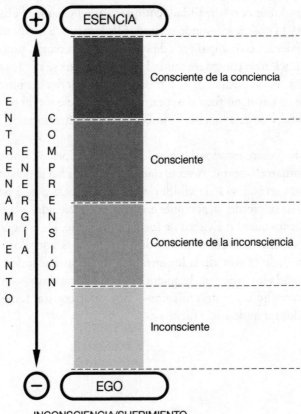

CONSCIENCIA/FELICIDAD

ESENCIA

Consciente de la conciencia

Consciente

Consciente de la inconsciencia

Inconsciente

EGO

INCONSCIENCIA/SUFRIMIENTO

ENTRENAMIENTO

ENERGÍA

COMPRENSIÓN

Inconsciente:

- No sabemos lo que es el ego y, por consiguiente, no nos damos cuenta de que vivimos de forma egocéntrica, plenamente identificados con este falso concepto de identidad.
- Vivimos dormidos, con el piloto automático puesto, reaccionando impulsivamente cada vez que la realidad no se adecua a nuestros deseos y necesidades egocéntricas.
- Al no tener control sobre nosotros mismos, no somos responsables ni dueños de nuestros actos; somos marionetas del ego, quien nos mantiene tiranizados a un encarcelamiento psicológico.
- Somos esclavos de nuestra mente y, en consecuencia, de nuestra ignorancia, que nos lleva a vivir bajo la tiranía del pensamiento inconsciente y negativo.
- Pensamos constantemente en el pasado y en el futuro, marginando por completo el momento presente.
- Adoptamos el rol de víctimas, quejándonos y culpando siempre a los demás de nuestro propio sufrimiento.
- Necesitamos evadirnos y narcotizarnos para evitar el contacto con nuestro vacío existencial.
- Creemos que la vida no tiene sentido.

Consciente de la inconsciencia:

- Descubrimos lo que es el ego, nos damos cuenta de que somos muy egocéntricos y empezamos a entender lo que significa vivir identificados con este falso concepto de identidad.
- Seguimos reaccionando impulsivamente, pero tomamos consciencia de que cambiar esta actitud tan nociva sólo depende de nosotros mismos.

- Empezamos a tener control sobre nosotros mismos y somos en parte responsables de nuestros actos.
- Seguimos siendo esclavos de nuestra mente, pero en ocasiones conseguimos crear cierto espacio para no identificarnos con nuestros pensamientos.
- Pensamos en el pasado y en el futuro, pero intentamos centrarnos en el momento presente.
- Sufrimos, pero poco a poco dejamos de culpar a los demás, empezando a aprender de nuestros errores.
- Necesitamos evadirnos y narcotizarnos, pero lo llevamos a cabo «conscientemente».
- Creemos que la vida tiene el sentido que le queramos dar.

Consciente:

- Dejamos de estar identificados con el ego; sabemos cómo gestionarlo para que deje de limitarnos, manipularnos y boicotearnos.
- Ya no reaccionamos impulsivamente, aunque podemos perder este estado de autocontrol en momentos de mucha adversidad, siempre y cuando dejemos de prestar la suficiente atención.
- Al tener domado al ego, somos dueños de nosotros mismos y, por tanto, totalmente responsables de nuestros actos.
- Al comprender cómo funciona nuestra mente ya no nos invaden pensamientos; de hecho, pensamos conscientemente para llevar a cabo fines constructivos.
- Pensamos de forma consciente y lo hacemos en positivo, quedándonos con el aprendizaje que se oculta detrás de cualquier experiencia; vivimos el momento presente.
- Asumimos que somos cien por cien corresponsables y cocreadores no sólo de nuestro bienestar, sino también de nuestras circunstancias actuales.

- Ya no sufrimos, y esta ausencia de malestar nos hace sentir muy bien con nosotros mismos y con los demás. De ahí que no necesitemos evadirnos ni narcotizarnos.
- Sentimos que la vida tiene sentido porque la hemos convertido en un proceso de aprendizaje para llegar a ser felices.

Consciente de la conciencia:

- Entramos en contacto con nuestro ser, esencia o yo verdadero, y nos sentimos unidos a todo lo que existe.
- Aceptamos y amamos todo lo que sucede porque es «lo que es»; vivimos en un profundo estado de ataraxia, de imperturbabilidad interior.
- Cultivamos la atención consciente; nos observamos a nosotros mismos en tercera persona, con lo que somos capaces de tomar la actitud que más nos convenga en todo momento.
- Yendo más allá de nuestra mente, conseguimos alinearla con el momento presente, el único que existe en realidad.
- Vivimos tan conscientemente que no hay lugar para el pensamiento; en caso de pensar, lo hacemos de forma neutra, pase lo que pase.
- Experimentamos plenitud interior, es decir, vitalidad, felicidad, paz interior, gozo, amor, alegría y gratitud de estar vivos; lo sentimos en el vientre, debajo del ombligo.
- Aunque lo intentáramos, no podríamos evadirnos; estamos plenamente conectados con nosotros mismos y con la realidad de la que formamos parte.
- La mente se disuelve, dejando de interpretar la realidad de forma dual para empezar a verla tal y como es: absolutamente neutra.
- Somos la vida, con lo que ya no necesitamos comprenderla ni dotarla de sentido.

A la hora de identificarse con uno de los nueve eneatipos, hay personas que dicen que les ha tocado «el peor de todos». Otras, «el más difícil». Algunos comentan que no saben muy bien cuál es el suyo, pero que uno de los tipos de personalidad les da literalmente «asco». Otros se creen que es una decisión racional, pensando que el eneatipo es algo que puede escogerse, como si se tratara de elegir entre diferentes productos de un supermercado espiritual. Otros se ponen a reír cuando lo descubren. O sienten vergüenza, tristeza o rabia. Sea como fuere, el Eneagrama es un espejo que nos invita a ser radicalmente honestos con nosotros mismos, atreviéndonos a aceptarnos tal y como somos, sin importar si en el momento de conocer esta herramienta nos encontramos identificados con el ego o, por el contrario, más en contacto con nuestro verdadero ser. Curiosamente, nuestro ego va a seguir tratando de autoboicotearnos, incluso mientras leemos este libro. A esta parte de nosotros no le interesa que nos conozcamos, pues podría resultar el principio del fin de su existencia...

Antes de seguir leyendo, es recomendable tener a mano un rotulador fosforito, con el que ir subrayando todo aquello con lo que te sientas identificado, tanto en lo concerniente a tu lado oscuro como a tu parte luminosa. Y dado que el Eneagrama describe tendencias de comportamiento, no sólo subrayes aquello que refleja tu momento presente, sino también todo lo que te recuerde a tu manera de ser en el pasado. Así, esta herramienta puede servirte para ponerle nombre a emociones, sentimientos y estados de ánimo que formen —o hayan formado— parte de tu vida interior. Y también como un termómetro evolutivo, con el que medir más objetivamente en qué punto te encuentras en el camino del autoconocimiento.

Afirmar que nos identificamos con el eneatipo 8, por ejemplo, no quiere decir que *somos* todo lo que se describe en dicho apartado de este libro. Más bien pone de manifiesto que reconocemos que dicha tendencia de comportamiento es la que mejor define —a grandes rasgos— nuestra forma de ser, tanto en el ego como en el ser. De ahí que no tengamos que sentirnos identificados con todo lo que se dice acerca de un eneatipo. Principalmente porque todos los seres humanos somos mucho más de lo que se pueda definir a través de esta herramienta, que tan sólo nos sirve a modo de orientación y referencia. Si somos sinceros con nosotros mismos, tarde o temprano terminaremos por reconocer cuál es nuestro eneatipo principal, así como la correlación existente con el descentramiento, el centramiento y las alas. A fin de lograrlo, hemos de tener el valor de aceptarnos tal como somos. Ése es el primer paso para poder cambiar. Lo cierto es que el autoengaño es el único obstáculo que podemos encontrarnos a lo largo de este apasionante viaje de autoconocimiento.

El Eneagrama no es una varita mágica que pone fin a todos nuestros males, pero sí un útil instrumento para empezar a ser cada vez más consciente de cuáles son los mecanismos psíquicos que nos mantienen esclavizados. Recordemos que es como una balsa que nos lleva de la orilla donde estamos a otra a la que queremos llegar. Una vez alcancemos nuestro destino, podremos seguir nuestro camino sin ella. Eso sí, el que rema siempre es uno mismo. Buen viaje.

V

La tríada del instinto
(centro visceral)

El Eneagrama divide los nueve eneatipos en tres tríadas (sentimiento, pensamiento e instinto), las cuales representan los tres centros vitales que todos albergamos en nuestro interior: emocional, intelectual y visceral. Cada una de estas tríadas representa las diferentes limitaciones que tiene el ego a la hora de relacionarse con las personas y situaciones que forman parte de nuestra vida. En el caso de que nuestro eneatipo esté en la tríada del sentimiento, por ejemplo, no quiere decir que seamos más emocionales que los demás, del mismo modo que si está en la del pensamiento no tenemos por qué ser más mentales o racionales. Por el contrario, nos muestra qué componente de nuestra psique está más tiranizado por el ego, lo que en última instancia nos impide funcionar más libre y eficientemente.

Por otro lado, la tríada a la que pertenecemos también indica el lugar de nuestro cuerpo (corazón, cabeza o vientre) desde donde surge la primera reacción automática del ego, así como el centro vital dominante en el que se concentran nuestros problemas emocionales y conflictos existenciales. En otras palabras, nos indica aquellos aspectos oscuros que más hemos de conocer, comprender, aceptar y trascender para reconectar nuevamente con nuestra verdadera esencia.

Pongamos por caso que estamos en un vagón de metro y, de pronto, sin previo aviso, entra un individuo que empieza a pedir dinero al tiempo que sostiene una botella de alcohol y va dando pasos en falso, como si estuviera a punto de caerse al suelo. ¿Cuál sería nuestra primera reacción? Si fuéramos de la tríada del sentimiento (eneatipos 2, 3 y 4), nos tocaría el corazón y sentiríamos pena, vergüenza, tristeza o lástima por la situación. Si fuéramos de la tríada del pensamiento (eneatipos 5, 6 y 7), reflexionaríamos en nuestra mente sobre las distintas posibilidades y actitudes que podríamos asumir, sintiendo cierto temor por lo que podría llegar a pasar. Y en el caso de que fuéramos de la tríada del instinto (eneatipos 8, 9 y 1), nos sentiríamos agredidos por la presencia de dicho individuo, asumiendo la responsabilidad de hacer algo al respecto para protegernos y proteger al resto de los pasajeros...

Más concretamente, las personas que forman parte de la tríada del instinto (eneatipos 8, 9 y 1) están muy interesados en no tener que dar explicaciones a nadie a la hora de seguir su propio camino en la vida. Al desconectarse de su verdadera esencia, van creando una personalidad desafiante, indolente y reformadora, que busca autonomía e independencia dentro de su entorno social. Su principal conflicto es la falta de serenidad. Al relacionarse con los demás, quieren tener el control, pasar desapercibidos o ser perfectos. Y entre otras emociones, suelen experimentar grandes dosis de agresividad e ira.*

* Del mismo modo que hago en mis cursos, comienzo con la tríada del instinto (8, 9 y 1) empezando por el eneatipo 1, siguiendo con el eneatipo 9 y el eneatipo 8. A partir de ahí, continúo con la tríada del sentimiento (2, 3 y 4) y finalizo con la tríada del pensamiento (5, 6 y 7).

Eneatipo 1

Identificado con el ego
EL QUE QUIERE SER PERFECTO

IRACUNDO, CRÍTICO, QUEJICA,
EXIGENTE, DOGMÁTICO Y PREPOTENTE

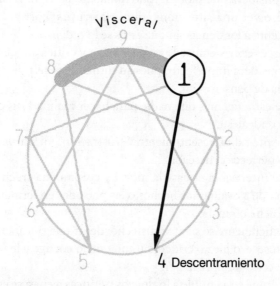

Breve descripción: Su trauma es que se siente imperfecto. Para compensar esta sensación de insuficiencia, crea inconscientemente un ideal de cómo debería ser. En el proceso se vuelve muy autoexigente y crítico consigo mismo. Y dado que nunca alcanza la perfección deseada, tiende a enfadarse y frustrarse con facilidad. Entre otros defectos, suele estar convencido de que su forma de ver las cosas es la única verdadera. Debido a su prepotencia y rigidez, cree que siempre tiene la razón y trata de imponer su punto de vista sobre quienes piensan o actúan de forma diferente.

Herida de nacimiento: Sensación de insuficiencia e imperfección.

Principales patrones de conducta inconscientes del ego:
- Exige perfección de sí mismo y de las personas o situaciones que lo rodean; le cuesta muchísimo relajarse.
- Considera que sabe en todo momento la mejor forma de resolver una situación; educa, instruye y corrige duramente a los demás sin que éstos se lo pidan.
- Cree tener siempre la razón y juzga y critica aquello que considera imperfecto, pues su forma de pensar es *la* forma de pensar.
- Se esfuerza más que nadie para hacer realidad sus elevados ideales.
- Siente rabia, resentimiento y frustración por no alcanzar la perfección deseada.
- Le interesa la ética y la moral y con mucha frecuencia tiende a evaluar los hechos o las personas en términos de «bien» o «mal».
- Difícilmente se siente satisfecho; dentro de su cabeza hay un severo juez o crítico interno que lo corrige y le insta a hacerlo siempre mejor.
- Es muy susceptible a los juicios y críticas ajenas; se enfada con facilidad, aunque procura que no se le note.
- Defiende sus posturas de forma vehemente, rígida, intolerante y dogmática; se cree en posesión de la verdad absoluta.
- Cree tener una misión en la vida y trabaja de forma exageradamente organizada y disciplinada.
- Le enervan las cosas mal hechas, la mediocridad y la falta de voluntad para querer mejorar.

- Es tan sincero y transparente que en ocasiones peca de falta de prudencia; le suelen decir que tendría que pensar más antes de actuar y que pierde la razón por su forma de expresarse.

Recuerdos de la infancia: Asocia a su infancia un sentimiento de no haber sido considerado lo suficientemente bueno por sus padres, quienes solían esperar mucho de él. E incluso recuerda haber aprendido que, para liberarse de dicha exigencia, debía alcanzar la perfección en algún sentido. Así, poco a poco interiorizó que no estaba bien cometer errores.

Miedo y deseo inconscientes: Su miedo más profundo es ser considerado malo, mediocre, defectuoso, corrupto, imperfecto, así como ser rechazado. Por eso se esfuerza tanto en todo lo que hace y es tan susceptible a las críticas o juicios relacionados con su comportamiento en particular o sus actividades en general. Su deseo más inconsciente, por otro lado, es ser considerado bueno, virtuoso, equilibrado, íntegro, perfecto, así como ser aceptado, cosa que lo lleva a convertirse en una persona excesivamente exigente, perfeccionista y autocrítica.

Ana recuerda que entre semana solía dedicar todo su tiempo libre a llevar a cabo actividades orientadas a ser una persona «más completa y mejor en todos los sentidos». Después de salir de trabajar, se entrenaba en el gimnasio durante una hora cada mediodía y leía otra hora cada noche, por mucho que a veces no le apeteciera. Y no sólo eso: anotaba sus avances y logros físicos en una libreta, así como los libros cuya lectura concluía.

Vocecita egoica: Le suele recordar que tiene que comportarse de una determinada manera y que las cosas deben hacerse de forma perfecta.

Visión subjetiva y distorsionada del mundo: El mundo es un lugar imperfecto; por tanto, trabaja continuamente para mejorarlo.

Dani creyó durante muchos años que iba a cambiar el mundo en el que vivía; durante varios veranos se fue de voluntario a países en vías de desarrollo para tratar de mejorar las condiciones de vida de las personas más desfavorecidas.

Principal defecto: La ira, que se desencadena automáticamente al ver frustradas sus expectativas de perfección.

Javier explica que, cuando recibía alguna crítica inesperada, su estómago empezaba a arder como si fuera una «bola de fuego». Eso sí, apretaba los dientes y en la medida de lo posible trataba que nadie se diera cuenta.

Otras emociones dominantes: Frustración y prepotencia.

María solía enfadarse siempre que uno de sus colaboradores cometía alguna imperfección que anulaba sus esfuerzos por lograr un trabajo «impecable».

Cómo quiere ser visto por los demás: Como una persona perfecta, que nunca comete errores y que siempre tiene la razón.

De qué huye: De situaciones o personas que suelan provocarle enfado, rabia e ira.

Estilo de comunicación: Suele instruir, enseñar, corregir, valorar, sermonear, juzgar, criticar... Y lo hace de manera pasional, sincera, abierta, precisa y vehemente. Utiliza términos como «deber» o «tener que», «bueno», «malo» y «perfecto». Puede parecer impaciente y tenso.

Principal preocupación: Verificar qué es lo que está bien y qué es lo que está mal.

Señal de peligro: Creer que tiene la obligación personal de arreglarlo todo.

Sofía reconoce que, cuando veía que alguno de sus amigos iba «mal encaminado», inmediatamente intervenía, tratando de reformarlo para que cambiara el rumbo de su vida y fuera «una persona mejor».

Cómo manipula a los demás: Corrige constantemente a los demás, insistiendo en que compartan sus criterios, ideales y puntos de vista.

Francisco cuenta que solía creer que poseía la «verdad absoluta» en ciertas cuestiones relacionadas con la forma de ser y de vivir en el mundo. Al relacionarse con otros, daba por hecho que él siempre llevaba la razón; de este modo, a menudo terminaba criticando y burlándose despectivamente de ideas opuestas a las suyas. Era «muy inflexible» con cualquier punto de vista contrario al suyo.

Algo que no suele tener en cuenta: Por mucho que se esfuerce en conseguir que su comportamiento sea impecable, tal vez a los demás no les interese su orientación para alcanzar la perfección.

Actitud paradójica e insana: Después de vivir un período de estrés y temiendo que se cumpla su miedo básico (ser considerado malo, mediocre, defectuoso, corrupto, imperfecto, así como ser rechazado), suele destacar la maldad, la mediocridad, la corrupción, la imperfección o los defectos de las demás personas.

Paula recuerda que, cuando en alguna ocasión se había sentido criticada y juzgada por otros, podía pasarse horas despotricando sobre esas mismas personas, a las que consideraba, por encima de todo, «seres inferiores y mediocres».

Trastorno de personalidad: Obsesivo-compulsivo.

Descentramiento: Finalmente, después de identificarse plenamente con el ego y sufrir las consecuencias propias de su eneatipo, termina por descentrarse y manifestar los rasgos más oscuros del eneatipo 4, como el dramatismo, el egocentrismo, la envidia o la melancolía. (Para más información, ir a la página 123.)

Punto de inflexión: Darse cuenta de que en su interior oye a un juez que lo critica continuamente por todo lo que hace mal o podría hacer mejor. Y tomar consciencia de las consecuencias que le está reportando seguir los dictados de esa voz, tanto consigo mismo como con los demás. Si llega a la conclusión de que su verdadero ser no es ese juez interno tan exigente, crítico y moralista, estará dando sus primeros pasos para encontrar su serenidad interior.

Eneatipo 1

Conectado con el ser
SERENIDAD

ÍNTEGRO, VISIONARIO, ELOCUENTE,
INSPIRADOR, ORGANIZADO Y COMPASIVO

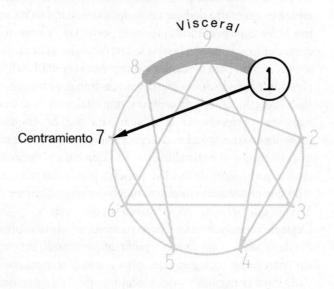

Centramiento: Para desidentificarse del ego le conviene centrarse y poner en práctica los rasgos más luminosos del eneatipo 7, como la sobriedad, la alegría, el humor o el agradecimiento. (Para más información, ir a la página 167.)

Prácticas que contribuyen a reconectar con el ser:

- Aprender a distinguir al juez interno que le critica constantemente de su yo verdadero. Cuando empiece a resaltar sus fallos o errores, ha de ignorarlo o reírse de sus comentarios sin hacerle ningún caso. Aunque puede ser que lleve mucho tiempo creyéndosela, no es esa voz. ¿No es casual que suela atormentarle en épocas en las que está demasiado centrado en su afán por ser perfecto? Debe tener presente que del mismo modo que todo el mundo lo hace lo mejor que sabe, también él lo está haciendo lo mejor que puede.

- Ser consciente de su tendencia a exigirse más allá de sus propios límites. Debe preguntarse de vez en cuando si realmente es necesario dedicar tanto tiempo y energía a las actividades que pretende que sean perfectas. Tiene que aprender a estar satisfecho con lo que consigue y concederse más tiempo para descansar y divertirse: la verdadera inspiración procede de la alegría y no de trabajar en exceso. Para lograrlo, en vez de aspirar a que cualquier cosa que haga sea «perfecta», ha de trabajar para que sea «digna», un concepto que sí está a su alcance. Además, ha de pensar que, debido a su naturaleza, haga lo que haga siempre le dará una impronta de calidad; por ello, puede dar por sentado que el resultado final será mucho más que suficiente. Y si no, que pregunte a los demás a ver qué opinan.

- Dejar de creer que todo el peso recae sobre sus hombros. Ha de reconocer sus límites y pedir ayuda cuando la necesite. Atreverse a delegar, a que otro asuma la responsabilidad. Para conseguirlo, debe aceptar que cada persona tiene formas de hacer únicas y diferentes, de las que se puede aprender mucho si consigue ver lo positivo que le ofrece cada una de ellas.

- Cuando hable con otras personas, debe pensar que no es lo que dice, con lo que, si no están de acuerdo, no hay por qué molestarse. Tiene que crear espacio entre lo que dice, lo que hace y lo que piensa con lo que es. Ese espacio es el que le va a permitir ser más flexible y tolerante.

- Observar su tendencia a hablar *a* los demás en vez de hablar *con* ellos. Salvo que se lo pidan expresamente, no tiene que regalarles lecciones de ningún tipo, sino tratar de escuchar más y mejor. Puede aprender de otras personas mucho más de lo que imagina. La prepotencia no tiene nada que ver con estar seguro de uno mismo. De hecho, responde a una carencia interior, relacionada con una falta de autoestima.

- No juzgar ni criticar. Si lo piensa detenidamente, lo que en realidad desea no es aportar su opinión emocional subjetiva, sino discernir objetivamente la realidad. Para que el contenido de su mensaje no se vea distorsionado por sus formas, ha de intentar ser más consciente de sí mismo cuando converse con otras personas. No tiene que dejarse llevar por sus opiniones pasionales e impulsivas, sino reflexionar más antes de hablar. Si cae en la cuenta de que su aportación contiene los conceptos «bien» o «mal», mejor será que respete el silencio. En la vida nada es bueno o malo: todo es mucho más complejo. Debe intentar encontrar argumentos que no contengan juicios de valor y seguro que da con lo que en realidad quiere comunicar. El concepto «gris» es el que le centra. Si cae en el «blanco o negro», estará siendo víctima de su ego. Además, no siempre es necesario que diga lo que piensa. A veces callar a tiempo es la mejor respuesta que puede dar, sobre todo cuando nadie le ha preguntado su opinión.

- No tener miedo a reconocer y expresar su rabia. Todo lo que reprime se almacena en el inconsciente y tarde o temprano termina estallando. Canalizarla constructivamente le ayudará a aliviar sus tensiones musculares. En ese sentido, aprender a relajarse es un buen comienzo. Puede empezar por ir a un parque y sentarse en un banco sin hacer nada. Tan sólo respirar profundamente y observar sin etiquetar ni juzgar. Disfrutar de la inactividad de una forma consciente. Eso le dará energía y fuerza para no sucumbir a reacciones que perjudican tanto su salud como el enfado, la ira y el resentimiento.

Gran aprendizaje vital: Aceptarse a sí mismo tal como es, aceptar a los demás tal como son y aceptar la realidad tal como es, convirtiéndose así en el cambio que quiere ver en el mundo.

Desafío psicológico: «¿Cómo puedo mejorar y ser perfecto si me acepto tal como soy?».

Cambio de percepción de la realidad: Comprender que no tiene que obsesionarse por reformarse a sí mismo, a los demás, así como a la realidad externa. Al ser cada vez más consciente, interioriza que el afán de perfección tan sólo le acarrea frustración, resentimiento y enfado. Liberado de su ego, abandona su miedo básico (ser considerado malo, mediocre, defectuoso, corrupto, imperfecto, así como ser rechazado) y empieza a no reaccionar impulsivamente al escuchar puntos de vista u opiniones diferentes a los suyos.

Cualidad esencial: Al recuperar el contacto con el ser, reconecta con su cualidad esencial: la serenidad, por medio de la que se acepta a sí mismo tal como es y, por ende, a los demás y al mundo tal como son. Al empezar a fluir de manera natural y espontánea, se siente alegre y tranquilo al ser simplemente lo que es, sin intentar alcanzar la perfección en ningún aspecto. Comprende que todo lo que existe tiene su propio ritmo de desarrollo y que no suele aportar nada positivo acelerarlo ni forzarlo. Así, aprende a relajarse y se siente mucho más cómodo con cualquier situación que se le presente. Deja de ser dogmático y se vuelve más tolerante; de este modo, empieza a ser capaz de apreciar los puntos de vista de los demás, por muy distintos que sean. Ya no juzga ni critica, sino que aprovecha su capacidad de discernir para describir con más objetividad la realidad en la que se desenvuelve, sin incorporar impresiones emocionales y subjetivas de ningún tipo. Ya no tiene prisa por nada y descubre que posee más paciencia de la que pudiera soñar. Al abandonar conscientemente sus estrategias egocéntricas, se cumple su deseo básico: se convierte en una persona íntegra, organizada y virtuosa, que se acepta y se ama a sí misma, a los demás y al mundo en el que vive tal y como es. Al ser plenamente consciente de todo ello, recupera la paz interior que había perdido mientras trataba egocéntricamente de cambiar las cosas.

Profesiones y sectores arquetípicos: Conferenciantes, tertulianos, comentaristas, periodistas, críticos, jueces, mentores, *influencers*, reformadores sociales, activistas políticos, consejeros empresariales y gurús espirituales, así como la creación de sistemas y estructuras, el protocolo, la comunicación, la oratoria, la formación y la inspiración.

Eneatipo 9

Identificado con el ego
EL QUE QUIERE EVITAR EL CONFLICTO

PEREZOSO, RESIGNADO, APÁTICO,
ACOMODADO, INDOLENTE Y PROCRASTINADOR

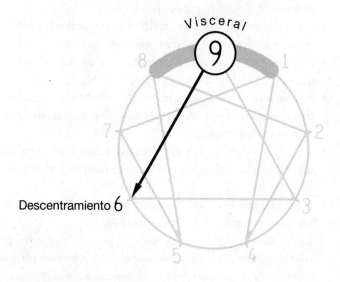

Breve descripción: Su trauma es que no sabe lidiar con el conflicto y la ira. Tiende a negarse y anularse como ser humano. Está instalado en una zona de comodidad en la que vive de forma inconsciente, completamente enajenado de sí mismo. Suele pasar inadvertido y evita tomar partido para no molestar a nadie. Le cuesta mucho decir «no» a los demás por temor a que alguien se enoje. Para no decir nada inconveniente, escucha más que habla. Cree que su opinión no importa y tiende a amoldarse al pensamiento general. Se resigna fácilmente y tiende a procrastinar, dejando todo para el último momento. Puede pasarse horas tirado en el sofá, regodeándose en su apatía, indolencia, dejadez y pasividad.

Herida de nacimiento: Sensación de no ser bienvenido.

Patrones de conducta inconscientes del ego:
- Suele ser invisible, pasar inadvertido y evitar tomar partido para no entrar en conflicto con nada ni con nadie.
- Le cuesta mucho poner límites y decir «no» a los demás por temor a que alguien se enfade.
- Parece humilde, pero en realidad se infravalora, contentándose siempre con estar en un segundo plano.
- Cree que su opinión no importa y se amolda al pensamiento general de las personas que lo rodean.
- Se evade de la realidad a través de la narcotización, centrando su atención en pasatiempos sin importancia; el sofá es su mejor amigo.
- Va por la vida sin saber quién es ni hacia dónde va, como una boya a la deriva; lo cierto es que tampoco le importa demasiado.
- Da la impresión de estar en paz, pero suele acumular de forma muy inconsciente ira reprimida.
- Es perezoso y tiende a procrastinar, pensando que sus tareas o responsabilidades se acabarán resolviendo por sí solas; suele dejar todo para el último momento.
- Es muy difícil que se enfade; se resigna fácilmente, adaptándose sin quejarse a todo lo que le trae la vida.
- Le es fácil comprender los diferentes puntos de vista que se plantean en un asunto y suele estar de acuerdo con las conclusiones que se obtienen.
- Le gusta mucho más escuchar que hablar; a veces le preguntan y tampoco sabe qué contestar.
- Cree que no puede autoafirmarse porque entrará en conflicto con los demás.

Recuerdos de la infancia: Asocia su infancia con el sentimiento de haber tenido una infancia tranquila y armoniosa. E incluso recuerda haber aprendido que, para mantener su paz interior, adoptaba el papel de mediador y pacificador durante los conflictos. Así, poco a poco interiorizó que no estaba bien reafirmarse ni tomar partido.

Miedo y deseo inconscientes: Su miedo más profundo es sentirse separado de los demás y entrar en conflicto. Por eso evita manifestarse y tomar partido, amoldándose al pensamiento general de la realidad social a la que pertenece. Su deseo más inconsciente, por otro lado, es mantener la paz interior y sentirse unido a todos, cosa que lo lleva a convertirse en una persona invisible y pasiva.

Luis solía pasar inadvertido. Nunca decía lo que pensaba realmente: compartía la opinión de las personas que lo rodeaban por miedo a entrar en conflicto. Si salía con amigos cinéfilos, le parecía bien ver películas durante todo un fin de semana; si quedaba con otros amigos aventureros, también le parecía bien ir de excursión durante otro fin de semana... Este patrón de conducta se repetía constantemente, sin importarle qué se hacía ni con quién. A todo se acomodaba. Pero, de tanto amoldarse, llegó un día en el que no sabía quién era ni qué le gustaba exactamente.

Vocecita egoica: Le suele recordar que lo importante es que las personas que lo rodean estén bien.

Visión subjetiva y distorsionada del mundo: El mundo es un lugar donde no puede autoafirmarse; por tanto, se niega a sí mismo, pasando desapercibido, adaptándose a los demás y creando armonía.

Sara llegó a creer que su vida no tenía ninguna importancia, que nada de lo que dijera merecía ser escuchado y que nada de lo que hiciera tenía valor. Los demás la veían como una chica humilde y reservada. Pero, en realidad, se había infravalorado tanto que terminó sintiéndose muy deprimida.

Principal defecto: La pereza, que se desencadena automáticamente cuando tiene que hacer frente a personas, asuntos o retos que le sacan de su zona de comodidad o que pueden conllevarle afrontar algún conflicto.

Otras emociones dominantes: Apatía y resignación.

Íñigo solía distraerse haciendo crucigramas o jugando a la consola de videojuegos la semana antes de los exámenes. Le daba mucha pereza estudiar y pensaba que, de alguna forma u otra, finalmente conseguiría aprobar sin esforzarse demasiado.

Cómo quiere ser visto por los demás: Como una persona que está en paz, que no da problemas y que crea armonía.

De qué huye: De personas o situaciones que puedan provocarle algún tipo de esfuerzo o conflicto.

Santiago pasaba las tardes viendo la televisión o tumbado en la cama sin hacer nada. No se sentía con la motivación ni el interés suficientes como para levantarse e iniciar alguna actividad en concreto. Se había convertido en una persona «apática».

Estilo de comunicación: Suele tranquilizar, relajar, unir, armonizar, asentir... Y lo hace de manera cómoda y muy relajada, con un tono monocorde, casi inexpresivo. En muchas ocasiones dice «sí», cuando en realidad quiere decir «no» y prefiere escuchar antes que hablar.

Principal preocupación: Comprobar si se está escuchando a todo el mundo para poder valorar todos los puntos de vista.

Señal de peligro: Creer que tiene que adaptarse a los deseos y opiniones de los demás para no crear conflicto.

Fernando estuvo años sin elegir una película, a pesar de que iba mucho al cine. Siempre dejaba que fuera su acompañante quien decidiera.

Cómo manipula a los demás: Se evade y se resiste a los demás de un modo pasivo-agresivo, evitando al máximo afrontar cualquier situación o conversación incómoda.

Carmen jamás decía «no» cuando alguien le proponía algún plan que en realidad no le apetecía. Sin embargo, a veces se excusaba en el último momento alegando que le había surgido un contratiempo de última hora y dejaba plantada a la persona en cuestión.

Algo que no suele tener en cuenta: Aunque la tranquilidad que emana su presencia es admirable, tal vez los demás prefieran conocer sus puntos de vista en vez de que se amolde directamente a los suyos.

Ricardo jamás expresaba sus auténticas opiniones, sino que solía preguntar al otro cuál era su parecer sobre el tema del que estaban hablando, e inmediatamente asentía, confirmando que ese punto de vista también era el suyo.

Actitud paradójica e insana: Después de vivir un período de estrés y temiendo que se cumpla su miedo básico (sentirse separado de los demás y entrar en conflicto), suele distanciarse de los demás para hacerles sentir que ha perdido la conexión con ellos.

Trastorno de personalidad: Pasivo-agresivo.

Descentramiento: Finalmente, después de identificarse plenamente con el ego y sufrir las consecuencias propias de su eneatipo, termina por descentrarse y manifestar los rasgos más oscuros del eneatipo 6, como la duda, la inseguridad, el miedo o la ansiedad. (Para más información, ir a la página 149.)

Punto de inflexión: Darse cuenta de que conecta de forma automática con la energía positiva de los demás para evitar encontrarse con reacciones negativas, ira y conflicto. Y tomar consciencia de las consecuencias que le está suponiendo amoldarse al pensamiento general, negándose la oportunidad de ser él mismo. Si llega a la conclusión de que su verdadero ser no es permanecer en un segundo plano para salvaguardar la paz, estará dando sus primeros pasos para encontrar la manera de desarrollar la proactividad desde el interior.

Eneatipo 9

Conectado con el ser
PROACTIVIDAD

PACÍFICO, ARMONIOSO, DIPLOMÁTICO,
ASERTIVO, SANADOR Y ENERGÉTICO

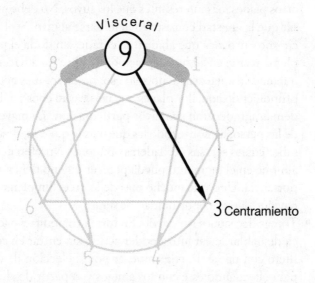

Centramiento: Para desidentificarse del ego le conviene centrarse y poner en práctica los rasgos más luminosos del eneatipo 3, como la autenticidad, la honestidad, la eficiencia o la valía. (Para más información, ir a la página 119.)

Prácticas que contribuyen a reconectar con el ser:
- Una cosa es ser humilde y otra bien distinta, infravalorarse. Tiende a pensar que los demás valen más que él, y por eso suele relegarse a un segundo plano. Pero tan sólo se

trata de una falsa creencia. En su interior hay infinidad de cualidades que en absoluto le convierten en «nadie especial». Además, cuando se infravalora está infravalorando a los amigos que le quieren y le aprecian. Su tranquilidad y capacidad de ver lo positivo de cada situación pueden sanar a muchas personas de su entorno. ¡Sólo tiene que darse el gusto de ayudarlos cuando recurran a él!

- Aprender a decir «no». Las personas que le quieren de verdad se alegrarán de saber que tiene otros gustos u otros planes más interesantes que los suyos. No debe pensar que la amistad consiste en amoldarse al otro. Si al decir «no» provoca que alguien se enfade, sin duda el problema reside en su no aceptación. Es libre para hacer lo que más le apetezca. Y no sólo eso: ha de ser más activo proponiendo aquellos planes que más vayan consigo. Los demás agradecerán su mayor participación. La mayoría de las personas, sobre todo las que más le quieren, desean saber cuáles son sus verdaderas opiniones o preferencias, aunque en el momento pueda parecer que no tienen importancia. Uno vale mucho más de lo cree. Simplemente hay que darse la oportunidad de ser.

- Tomar decisiones sin miedo. Su forma tranquila y pacífica de hablar le garantiza poder actuar sin entrar en conflicto con nadie. Puede empezar por la elección de una película cuando esté con los amigos y, a partir de ahí, ir asumiendo cada vez mayor responsabilidad.

- Invertir tiempo en sí mismo. Los esfuerzos iniciales pueden hacer aflorar muchas ansiedades, pero, si persevera, la recompensa será mucho mayor de lo que imagina. Al desarrollar sus talentos, disfrutará de la actividad y poco a poco desaparecerá su tendencia a la pereza y la indolencia. También es una manera de incrementar su autoestima. Además, cuanto mejor esté consigo mismo, mejor estará con los demás.

- No dejar que los demás le avasallen cuando está en grupo. No debe conformarse simplemente con escuchar. Tiene mucho que decir, pero tan sólo hace falta que venza su timidez inicial. Además, si no lo hace, tiende a evadirse, lo que puede ser una forma muy sutil de demostrar que está molesto o enfadado.
- Aprender a sentir la rabia en su cuerpo. Conocerla como sensación puede servirle para tenerle menos miedo. Forma parte de nuestra naturaleza humana.
- Establecer rutinas productivas, que le obliguen a «activarse». En el camino para desidentificarse del ego, siempre que tenga la posibilidad de elegir, ha de escoger la opción que implique mayor movimiento. El sofá puede convertirse en su mayor trampa.

Gran aprendizaje vital: Sentirse verdaderamente en paz consigo mismo y aportar sanación, armonía y valor a los demás desde una perspectiva energética y espiritual.

Desafío psicológico: «¿Cómo puedo estar en paz si me reafirmo, afronto el conflicto y pongo límites?».

Cambio de percepción de la realidad: Comprender que no tiene que obsesionarse por crear armonía allí donde vaya. Al ser cada vez más consciente, interioriza que el afán de sentirse en paz en todo momento tan sólo acarrea que no pueda vivir plenamente ni participar activamente en la vida de los demás. Liberado de su ego, abandona su miedo básico (sentirse separado de los demás y entrar en conflicto) y empieza a afirmarse como persona, independiente y libre para ser lo que es.

Cualidad esencial: Al recuperar el contacto con el ser, reconecta con su cualidad esencial: la proactividad, por medio de la que se mueve y actúa de forma consciente, encarando el conflicto con asertividad. Al empezar a fluir de manera natural y enérgica, se vuelve mucho más seguro y participativo en presencia de los demás. Comprende que sus decisiones y opiniones no sólo importan, sino que son necesarias. Así, aprende a vivir en el mundo siendo la persona que en realidad es, sin amoldarse al pensamiento general del entorno del que forma parte. Se vuelve mucho más activo y sincero, con lo que empieza a ser todavía más amado por las personas que le rodean. Ya no teme entrar en conflicto y aprovecha su tranquilidad y resistencia mental para sanar a los que sufren. Al abandonar conscientemente sus estrategias egocéntricas, se cumple su deseo básico: se convierte en una persona llena de sosiego interior y muy unida a los que le rodean, para quienes se convierte en un refugio donde encuentran mucho que aprender. Al ser plenamente consciente de todo ello, recupera la paz interior que había perdido mientras trataba egocéntricamente de evitar que ni el mundo ni nadie se la arrebataran.

Profesiones y sectores arquetípicos: Instructores de yoga y meditación, maestros de reiki, expertos en feng shui, diplomáticos y mediadores de conflictos, así como la medicina alternativa, la homeopatía, las terapias energéticas y holísticas, las filosofías orientales, el posmaterialismo y la espiritualidad.

Eneatipo 8

Identificado con el ego
EL QUE QUIERE TENER EL CONTROL

AGRESIVO, DOMINANTE, AUTORITARIO,
BELIGERANTE, REACTIVO Y VENGATIVO

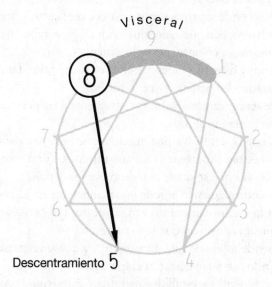

Breve descripción: Su mayor miedo es que los demás le hagan daño, le controlen, le sometan o le dominen. Suele protegerse tras una coraza y vivir a la defensiva, reaccionando agresiva y beligerantemente cuando se siente amenazado. Tiende a intimidar por medio de su mirada y su fuerte personalidad. Le gusta estar al mando de las situaciones para no someterse a la voluntad de los demás. No soporta que nadie le diga lo que tiene que hacer y la injusticia le saca de sus casillas. Al sentir que debe proteger su vulnerabilidad, considera que «la mejor defensa es un buen ataque».

Herida de nacimiento: Sensación de vulnerabilidad e indefensión.

Patrones de conducta inconscientes del ego:

- Le gusta estar al mando de las situaciones para no someterse al control de los demás; se siente fuertemente atraído por el poder.
- Se esconde y protege tras una coraza fuerte y dura; sin embargo, tiene un lado muy tierno y vulnerable, que sólo muestra a personas que se lo ganan.
- Es muy directo, franco y honesto; suele intimidar con su mirada a las personas que lo rodean.
- Desenmascara y desafía agresivamente a las personas que considera injustas.
- Vive a la defensiva por miedo a que le hagan daño; por eso es tan hiperreactivo, mostrando su furia y su rabia cada vez que se siente agredido por los demás.
- Cuando alguien lo agrede injustamente, enseguida piensa en la mejor manera de vengarse; no duda en castigar a quienes considera que se lo merecen.
- Tiende a pensar negativamente y a autoengañarse, creyendo que su malestar es culpa de los demás.
- Sus repentinos estallidos de rabia y agresividad provocan que en ocasiones pierda el control sobre sí mismo; no soporta que le digan lo que tiene que hacer.
- Al sentir que debe proteger su vulnerabilidad, considera que «la mejor defensa es un buen ataque».
- Suele proteger a las personas que considera más vulnerables y débiles.
- Tiene facilidad para intuir los puntos débiles de las personas, incluyendo su «talón de Aquiles».

- Cuando se enfurece, se vuelve frío y distante, lo que le impide sentir empatía hacia la persona con la que ha entrado en conflicto.

Recuerdos de la infancia: Asocia su infancia con el sentimiento de que a muy temprana edad tuvo que hacer frente a un conflicto que le arrancó bruscamente de su inocencia, sintiéndose desprotegido y vulnerable. Recuerda no haberse sentido protegido por sus padres, con lo que empezó a construir una coraza con la que afrontar las injusticias del mundo. Así, poco a poco interiorizó que no estaba bien ser vulnerable y que debía mostrarse duro y fuerte para luchar y sobrevivir.

Miedo y deseo inconscientes: Su miedo más profundo es ser herido o dominado por otros. Por eso se ha creado una coraza protectora, bajo la cual esconde su ternura, su debilidad y su vulnerabilidad. Su deseo más inconsciente, por otro lado, es sentirse protegido y ser independiente para decidir su camino en la vida, cosa que lo lleva a convertirse en una persona agresiva y conflictiva, en lucha constante.

Alejandro solía intimidar a los demás con su mera presencia cuando era joven. Para evitar que otros pudieran tener cierto control sobre él, enseguida adoptaba el rol de líder, de manera que todos supieran quién tenía el poder. En caso de verse amenazado por otro, reaccionaba agresivamente, llegando a perder el control de sí mismo y se volvía víctima de la rabia y la ira. No consentía que nadie le dijera lo que tenía que hacer. Las órdenes las daba él.

Vocecita egoica: Le suele recordar que tiene que hacerse con el control de la situación para proteger su debilidad y vulnerabilidad.

Visión subjetiva y distorsionada del mundo: El mundo es un lugar injusto y conflictivo, donde sólo sobreviven los fuertes;

por ello, se esfuerza por protegerse y proteger a quienes considera vulnerables y débiles.

Marcos no soportaba que nadie se metiera con compañeros que él consideraba más indefensos. En ocasiones se peleaba con quienes se burlaban de ellos, como un guardián protector. Llegó a enfrentarse solo contra grupos enteros de chicos mayores que él.

Principal defecto: La lujuria, que no solo alude al deseo y la intensidad sexual, sino también a la necesidad de extender su control, dominio, poder y liderazgo sobre las personas con las que interactúa.

Otras emociones dominantes: Vulnerabilidad y agresividad.

Inés solía gritar rabiosa y agresivamente cada vez que se sentía agredida por algún miembro de su familia. Vivía a la defensiva por miedo a ser herida. Paradójicamente, esta actitud le provocaba entrar en conflicto constantemente.

Cómo quiere ser visto por los demás: Como una persona fuerte e independiente, que puede con todo y con todos.

De qué huye: De personas o situaciones que le hagan sentir vulnerable o que puedan hacer aflorar su lado más tierno.

Eduardo tenía dos caras. En el trabajo se mostraba muy duro e insensible con todos, intimidando a sus compañeros para que no se atrevieran a decir o hacer nada que pudiera molestarlo. En su casa, por otro lado, se permitía ser tierno y dulce con su mujer y sus hijos, ante los que no sentía necesidad de protegerse.

Estilo de comunicación: Suele mandar, dirigir, autorizar, desenmascarar, culpar, amenazar, agredir, conquistar... Y lo hace de manera enérgica, imponente e implacable. Intencionadamente o no, suele intimidar y seducir a sus interlocutores, a quienes mira fijamente a los ojos.

Principal preocupación: Verificar si todo está bajo control con justicia e imparcialidad.

Enrique no soportaba que ninguna persona le diera órdenes; en alguna ocasión, incluso llegó a desafiar agresivamente a algún jefe cuya conducta consideraba «injusta».

Señal de peligro: Creer que hay que luchar contra los demás para protegerse y ser dueño de su vida.

Cómo manipula a los demás: Domina y amenaza a los demás, exigiendo de forma autoritaria que cumplan su voluntad.

Amanda solía gritar furiosamente a sus hermanos cada vez que éstos no cumplían sus exigencias. Recuerda que se «desconectaba de sus sentimientos», se volvía «extremadamente fría» y apenas «conectaba ni empatizaba» con las necesidades de los demás. En algunas ocasiones reconoce que podía llegar a ser «cruel y despiadada».

Algo que no suele tener en cuenta: Aunque le gusta ponerse al mando de la situación, tal vez los demás prefieran manejar el asunto a su manera y en el momento de su elección.

Actitud paradójica e insana: Después de vivir un período de estrés y temiendo que se cumpla su miedo básico (ser herido o dominado por otros), suele intimidar y desafiar a las personas que lo rodean con amenazas beligerantes.

Victoria solía «enfrentarse» con sus padres cada vez que no le dejaban hacer lo que ella quería. Llegó a amenazarlos seriamente, asegurándoles que sería capaz de «cualquier cosa» para que la dejaran en paz. Cada vez que sus padres la castigaban sin salir, su réplica incorporaba muchas más dosis de agresividad, la cual se prolongaba durante semanas. Ella siempre iba un poco más allá de aquellos a los que consideraba sus «rivales» o «enemigos», por muy próximos que éstos fueran.

Trastorno de personalidad: Psicópata.

Descentramiento: Finalmente, después de identificarse plenamente con el ego y sufrir las consecuencias propias de su eneatipo, termina por descentrarse y manifestar los rasgos más oscuros del eneatipo 5, como la indiferencia, el aislamiento, el cinismo y el hermetismo. (Para más información, ir a la página 137.)

Punto de inflexión: Darse cuenta de que da una imagen muy dura e imponente, que incluso llega a intimidar a los demás, pero que oculta un fondo menos visible, que esconde ternura, debilidad y vulnerabilidad. Y tomar consciencia de las consecuencias que le está suponiendo tratar de controlar y dominar sus relaciones por medio de la represalia y la agresividad. Si llega a la conclusión de que su verdadero ser no es la coraza con la que tan fieramente intenta protegerse, estará dando sus primeros pasos para encontrar su inocencia interior.

Eneatipo 8

Conectado con el ser
INOCENCIA

PODEROSO, JUSTO, LÍDER,
FUERTE, TIERNO Y MAGNÁNIMO

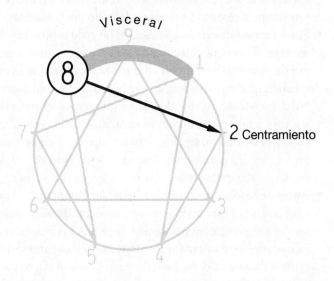

Centramiento: Para desidentificarse del ego le conviene centrarse y poner en práctica los rasgos más luminosos del eneatipo 2, como el amor, la generosidad, la empatía y el altruismo. (Para más información, ir a la página 107.)

Prácticas que contribuyen a reconectar con el ser:

- Conectar más con el corazón y los sentimientos. No debe tender a protegerlos por miedo a que le hieran, sino todo lo contrario. Cuanto más permita aflorar su vulnerabilidad, menos sentirá que debe acorazarla. Tiene que analizar los motivos que lo llevaron a envolverse en su caparazón de acero y descubrir qué hay de cierto en todos ellos. Puede que en el pasado le hicieran daño, pero ir por la vida a la defensiva le ocasionará más situaciones tensas que bienestar. Por supuesto, tampoco es necesario que vaya por ahí con el corazón en la mano, pero sí mostrarlo más a menudo a las personas de confianza. Vivir en consonancia con el corazón y los sentimientos lo ayudará a sentirte más cercano y menos violentado por los demás.

- Pasar un rato divertido con alguien no es lo mismo que la amistad. Tiene que relacionarse con personas en quienes pueda confiar y hablar con ellas sobre las cosas que le inquietan, que le perturban, que le hacen sentir vulnerable. No debe pensar que los demás no quieren saber nada de sus problemas. Cuanto más se abra, más fácil le será liberarse de este tipo de sentimientos negativos. Además, también le servirá para ver su situación desde otro punto de vista, que siempre ayuda a relativizar lo que nos sucede.

- Antes de reaccionar impulsivamente, intentar contar hasta diez. Ésa es una buena manera de defenderse. Si sabe que va a encontrarse con alguien que suele herir su vulnerabilidad, ha de intentar estar muy consciente antes, durante y después del encuentro, cuyo único objetivo va a ser el de salvaguardar su paz interior. No ha de desafiarlo ni confrontarlo, sino perdonarlo porque seguramente esa persona no es consciente de lo que hace ni de las consecuencias de sus palabras. Simplemente debe observarlo como un maestro que le pone a prueba. Tiene que demostrarse que puede salir victorioso. Eso sí, la mejor defensa es no sentirse atacado. El verdadero poder consiste en ser dueño de uno mismo.

- Analizar su necesidad de intensidad. Ha de intentar que

su ocio y sus proyectos de diversión no acaben con la virtud de la moderación. ¿Vale la pena traspasar siempre el límite? ¿Cómo se siente al día siguiente? Puede pedirle a un amigo de confianza que le frene a tiempo. La fuerza de voluntad no se tiene, se practica.

- No castigarse ni castigar. La culpa es un concepto que en realidad no existe. Más bien debería cambiarla por la asunción de la responsabilidad y la posibilidad de cometer errores con los que aprender y evolucionar. Las cosas pasan, y a veces hacen daño. No es necesario buscar culpables constantemente. Tiene que intentar descubrir qué aprendizaje se esconde detrás del acontecimiento en sí. A veces la desgracia puede convertirse en oportunidad. Sólo es cuestión de encontrarla.

- Cultivar la compasión, sobre todo hacia las personas que considera que han sido injustas consigo o que siente que más le han herido. La venganza y el odio se retroalimentan. Ha de detener esta cadena. Además, debe tener en cuenta que seguramente él también ha sido injusto alguna vez con alguien. Perdonar al otro es el primer paso para que los demás nos perdonen a nosotros. Tiene que vigilar su tendencia a autoengañarse, creyendo que la causa de sus malestares internos suele estar fuera de sí mismo. En última instancia, nadie puede hacerle daño emocionalmente a menos que se lo consienta.

- Dejar de querer controlar a los demás impidiendo que tengan gestos amables hacia él. Si quieren ayudarle, que le ayuden. Si quieren hacerle cumplidos, que se los hagan. Si surge de forma natural, por su propia iniciativa, no debe sentirse en deuda con ellos, sino tan sólo disfrutar de su generosidad, de la que puede aprender mucho. Si permite que los demás hagan cosas por uno, podrá dejar de mostrarse siempre duro y fuerte, enseñando aspectos más tiernos de su propia condición humana. Así se irá deshaciendo poco a poco de la coraza protectora que a veces le impide conectar emocionalmente con los demás.

Gran aprendizaje vital: Perdonarse a uno mismo y perdonar a los demás, soltando la culpa y el afán de venganza.

Desafío psicológico: «¿Cómo puedo evitar que me hagan daño si suelto la coraza y dejo de controlar?».

Cambio de percepción de la realidad: Comprender que no tiene que obsesionarse por proteger fieramente su vulnerabilidad de los demás. Al ser cada vez más consciente, interioriza que el afán de dominar y someter a las personas que le rodean tan sólo acarrea lucha, conflictos y sufrimiento. Liberado de su ego, abandona su miedo básico (ser herido o dominado por otros) y empieza a no reaccionar de modo agresivo al relacionarse estrechamente con otras personas.

Cualidad esencial: Al recuperar el contacto con el ser, reconecta con su cualidad esencial: la inocencia —que en latín significa «estado del alma libre de culpa»—, por medio de la que se perdona a sí mismo y a los demás, soltando la culpa y el afán de venganza. Al empezar a fluir de manera natural e intuitiva, se vuelve mucho más tierno y receptivo ante las demandas de los demás. Comprende que nadie pretende dañarle ni dominarle y que puede gozar de su independencia sin necesidad de luchar agresivamente. Así, aprende a relajarse, a perdonar y no estar siempre a la defensiva. Se vuelve mucho más cercano y afectuoso, de modo que los demás pueden amarle sin temor a sus vehementes represalias. Ya no amenaza ni castiga, sino que aprovecha su fuerza y energía para liderar proyectos humanos de forma justa y magnánima. Al abandonar conscientemente sus estrategias egocéntricas, se cumple su deseo básico: se convierte en una persona abierta, dulce y bondadosa, que sigue su camino en la vida de forma libre y armoniosa. Al ser plenamente consciente de todo ello, recupera la paz interior que había perdido mientras trataba egocéntricamente de imponer su voluntad sobre los demás.

Profesiones y sectores arquetípicos: Jefes de policías, agentes secretos, militares, líderes políticos, altos directivos y boxeadores, así como el gobierno, las oligarquías, los órganos de poder, la mafia, los servicios de inteligencia y las fuerzas del Estado.

VI

La tríada del sentimiento
(centro emocional)

Las personas que forman parte de la tríada del sentimiento (eneatipos 2, 3 y 4) están excesivamente interesadas en su imagen, en lo que los demás piensen de ellas. Al desconectarse de su verdadero ser, van creando una personalidad agradadora, triunfadora y especial para gozar de la atención y la aprobación de la gente. Su principal conflicto es la falta de autoestima. Debido a sus carencias y complejos, sienten necesidad de amor, de valoración, de reconocimiento y de aceptación por parte de la gente que forma parte de su entorno. Y entre otras emociones, suelen experimentar grandes dosis de tristeza, vergüenza y envidia.

Eneatipo 2

Identificado con el ego
EL QUE NECESITA AMOR

ORGULLOSO, SALVADOR, DEPENDIENTE,
ADULADOR, CHANTAJEADOR Y ENTROMETIDO

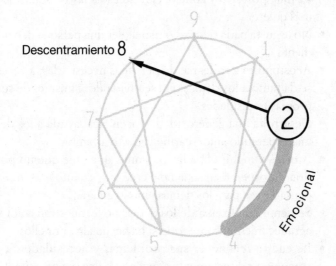

Breve descripción: Su carencia es que no se quiere a sí mismo. Piensa que amarse es un acto egoísta. Y que lo importante es ser buena persona, priorizando siempre las necesidades de los demás. Cree que cuanto más ayude a la gente, más le querrán. Y que cuanto más le quieran, más feliz será. Pero en el proceso se olvida de sí mismo y de sus necesidades, se vuelve dependiente e incapaz de estar en soledad. Debido a su orgullo y soberbia, considera que sabe mejor que los demás lo que necesitan y suele dar consejos, echando luego en cara lo que ha hecho por la gente.

Herida de nacimiento: Sensación de no ser digno de amor.

Patrones de conducta inconscientes del ego:

- Considera que tener necesidades y expresarlas es un acto egoísta.
- Cree que si es «buena persona» los demás le querrán y de este modo podrá sentirse feliz.
- Elogia y adula a los demás para que se le retribuya esa atención positiva.
- Es muy posesivo y controla en exceso a las personas que más quiere.
- No le gusta nada estar solo y suele ser una persona dependiente.
- Acostumbra a rodearse de personas necesitadas; a veces se da tanto a los demás que se olvida de sí mismo, de sus propias necesidades.
- Desarrolla una generosidad egocéntrica: ayuda a los demás esperando amor, cariño y afecto a cambio.
- Atosiga y manipula a las personas que cree que no podrían prosperar sin su ayuda; cree que, cuanto más indispensable sea para los demás, más lo amarán.
- Se siente dolido cuando los demás no le muestran amor y agradecimiento, sobre todo si ha hecho algo por ellos.
- Le cuesta reconocer sus problemas y necesidades, así como pedir directamente aquello que desea o necesita.
- A veces representa el rol de víctima y chantajea emocionalmente a los demás para recibir el amor que su entorno no le profesa.
- Es orgulloso y le cuesta mucho pedir perdón cuando en alguna ocasión explota por no recibir de los demás el amor que esperaba.

Recuerdos de la infancia: Asocia su infancia a haber tenido que anteponer las necesidades de sus padres y hermanos a las suyas propias. E incluso recuerda haber aprendido que el afecto, el cariño y el amor eran premios que se ganaban siendo bueno y generoso con los demás. Así, poco a poco interiorizó que ocuparse de uno mismo era un acto egoísta impropio de las «buenas personas».

Miedo y deseo inconscientes: Su miedo más profundo es ser indigno de la aprobación y el cariño de la gente. Teme no ser querido por lo que es. Por eso se entrega con tanta dedicación a los demás. Cree que cuanto más amor y atención dé, más le devolverán. Su deseo más inconsciente, por otro lado, es sentirse amado y deseado, cosa que lo lleva a convertirse en una persona que necesita ser necesitada.

Susana recuerda que solía desvivirse por sus amigos y familiares más allegados, a los que llamaba a menudo para saber cómo se encontraban. Se sentía «responsable» de atender a las personas que creía que la necesitaban, y era «impensable» que faltara a las bodas, bautizos, entierros y demás acontecimientos familiares. Nunca estaba sola porque siempre encontraba a alguien a quien ayudar.

Vocecita egoica: Le suele insistir en que *tiene que* ser buena persona y comportarse de tal manera que agrade y caiga bien a los demás.

Visión subjetiva y distorsionada del mundo: El mundo está lleno de gente que depende de su ayuda; se considera, por tanto, muy necesario.

Nacho solía involucrarse en exceso cuando alguno de sus amigos ingresaba en el hospital para ser operado o por haber sido víctima de un accidente. Sentía que su obligación era estar a su lado el mayor tiempo posible para hacer que se encontrara «acompañado y bien atendido». En esos momentos, se convertía en el enfermero más «entregado».

Principal defecto: La soberbia, que le impide reconocer sus propias necesidades y le conduce a creer que los demás dependen de él para solventar su problemas.

Otras emociones dominantes: Orgullo y apego.

Alicia jamás pedía ayuda a su familia cuando tenía algún problema; sin embargo, le encantaba dar consejos a sus hermanos menores, e incluso a sus padres, cuando sentía que los necesitaban. Daba por hecho que ella sabía mejor que nadie la opción más adecuada para resolver los diferentes asuntos familiares.

Cómo quiere ser visto por los demás: Como una persona generosa, altruista y desinteresada, que ayuda a todos y en todo.

Guillermo tenía muchos problemas para pedir perdón cuando pagaba su malestar interior con otra persona cercana. Para compensarlo, solía acercarse al día siguiente para saber si necesitaba cualquier cosa, como si nada hubiera sucedido.

De qué huye: De hacerse cargo de sí mismo, atendiendo sus propias necesidades emocionales.

Estilo de comunicación: Suele aconsejar, atosigar, repetir, recordar, recomendar, insistir, adular, halagar, piropear, complacer... Y lo hace de manera suave y sonriente al principio, aunque puede llegar a demandar atención de forma agresiva si percibe que los demás lo ignoran o le hacen sentir innecesario.

Principal preocupación: Cerciorarse de si los demás lo necesitan o cae bien a la gente con la que interactúa.

Gabriela intentaba gustar a todo el mundo, mostrándose agradable y cariñosa con los demás. También solía dirigir algún cumplido cada vez que se encontraba con alguien, por mucho que en el fondo no sintiera lo que decía.

Señal de peligro: Creer que tiene que ayudar y agradar a los demás para conquistarlos.

Cómo manipula a los demás: Descubre las necesidades y los deseos de los demás, creando relaciones basadas en la dependencia mutua.

Algo que no suele tener en cuenta: Por mucho que sienta la responsabilidad de ayudar a los demás, tal vez éstos no quieran su ayuda y conozcan mejor el modo de arreglar sus propios problemas.

Patricia nunca preguntaba a los demás si la necesitaban: cuando sentía que algún amigo tenía algún problema, lo atendía enseguida, aconsejándole que le hiciera caso, que ella sabía la «mejor manera» de ayudarlo. De tanto insistir, a veces la rechazaban, lo que terminaba enfureciéndola.

Actitud paradójica e insana: Después de vivir un período de estrés y temiendo que se cumpla su miedo básico (no ser amado ni deseado), suele hacer sentir a los demás que son egoístas, indignos de amor y afecto.

Juan reconoce que cuando ayudaba a un amigo durante mucho tiempo y sentía que esa ayuda no le era devuelta en forma de afecto y amor, se enfadaba muchísimo, hasta el punto que terminaba por «echarle en cara» todo lo que había hecho por él.

Trastorno de personalidad: Dependiente.

Descentramiento: Finalmente, después de identificarse plenamente con el ego y sufrir las consecuencias propias de su eneatipo, termina por descentrarse y manifestar los rasgos más oscuros del eneatipo 8, como la agresividad, la reactividad, el autoritarismo o la venganza. (Para más información, ir a la página 85.)

Punto de inflexión: Darse cuenta de que si bien su enorme empatía le permite saber lo que necesitan los demás, le cuesta mucho conectar y expresar sus propias necesidades, tanto a sus seres queridos como a sí mismo. Y tomar consciencia de las consecuencias que le está suponiendo orientarse tan exageradamente hacia los demás. Si llega a la conclusión de que su verdadero ser no es el de agradar y conquistar por medio de la ayuda, estará dando sus primeros pasos para encontrar su humildad interior.

Eneatipo 2

Conectado con el ser
HUMILDAD

AMOROSO, EMPÁTICO, GENEROSO,
ALTRUISTA, SERVICIAL Y HUMANITARIO

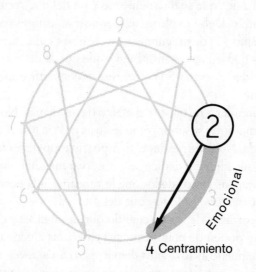

4 Centramiento

Centramiento: Para desidentificarse del ego le conviene centrarse y poner en práctica los rasgos más luminosos del eneatipo 4, como la introspección, la creatividad, la ecuanimidad y la profundidad. (Para más información, ir a la página 129.)

Prácticas que contribuyen a reconectar con el ser:
- No debe preocuparse ni obsesionarse por lo que los demás piensen de él, sino centrarse en sí mismo y actuar coherentemente con lo que experimenta en su interior.

Tiene que observarse atentamente cuando de modo impulsivo sienta la necesidad de adular o halagar a los demás. Si no lo siente de verdad, mejor no decir nada. Sólo merece la pena pronunciar los cumplidos si son sinceros y desinteresados. No tiene que subestimar la inteligencia emocional de los que le rodean. Además, las personas le quieren por lo que es, no por lo que les da o les dice.

- Recordarse de tanto en tanto que su autoestima depende del amor que se da a sí mismo y no del que recibe de los demás. Debe explorarse, conocerse, interesarse por sí mismo. Ha de preguntarse qué le gusta y encontrar aficiones que le hagan sentir bien y que pueda disfrutar sin necesidad de otros. Su mayor reto es convertirte en su mejor amigo.

- Aprender a reconocer el afecto de los demás. No todos le demuestran su amor como le gusta o de la forma en que él lo da. No debe perder el tiempo tratando de forzar lo que no sucede, sino dedicarse a observar más atentamente los pequeños gestos de los que le rodean. Cada persona ama a su manera: ¡sólo hay que descubrirla!

- Recordarse de vez en cuando que la soberbia y el orgullo sólo ponen de manifiesto sus carencias afectivas. Sentir que puede ayudar a los demás, pero no al revés, es considerarse superior, una falsa creencia que nada tiene que ver con la realidad.

- Antes de ayudar a otra persona, preguntarse qué le mueve a hacerlo. Tiene que intentar comprender lo que hay oculto en todas sus buenas acciones. Si ayuda, ha de hacerlo porque se lo piden o por el simple hecho de ayudar, sin esperar nada a cambio. Así dejará de acumular sentimientos negativos hacia aquellos que no le «devuelven» los favores prestados. También debe intentar tener en cuenta que cada persona necesita aprender a resolver sus problemas por sí misma. Si le solicitan expresamente su ayuda, adelante. Si no, debe hacerles saber que está disponible para lo que quieran, sin involucrarse ni preocuparse directamente.

- Aprender a pedir ayuda cuando necesite: las personas que le quieren están esperando poder hacer algo por él. Eso sí, tiene que estar preparado para aceptar un «no» por respuesta. No ha de sentirse decepcionado ni guardar rencor hacia esa persona, ni tomárselo como algo personal. Cada uno vive su propia vida de forma independiente, con sus propios asuntos personales, y tal vez no pueda atenderle en ese momento. Al contrario, debe valorar el hecho de que, partiendo de su libertad individual, otras personas deseen estar con él y le ayuden en lo que puedan. Por todo ello, no tiene que forzar las situaciones. El amor forzado es una violación. Las cosas buenas de la vida surgen de forma natural. Si uno se centra en ser feliz por sí mismo, lo demás vendrá por añadidura.

- Amarse a sí mismo. Ése es el único amor que en realidad necesita. Tal vez haya dedicado demasiado a los demás. Pero nunca es tarde para aprender a disfrutar de sí, de su soledad, de su intimidad. Puede descubrir su mundo interior y recrearse en él. Seguro que así entra en contacto con inquietudes y talentos que desconocía y que pueden ser potenciados. Además, cuanto más libre e independiente sea, más unido a los demás se sentirá. La dependencia emocional no es un vínculo afectivo, sino una esclavitud que a la larga comporta insatisfacción y sufrimiento para ambas partes.

Gran aprendizaje vital: Amarse a sí mismo y convertirse en su mejor amigo.

Desafío psicológico: «¿Cómo me van a querer si soy egoísta y me priorizo a mí mismo?».

Cambio de percepción de la realidad: Comprender que no tiene que obsesionarse por ayudar a los demás para que éstos le retribuyan sus «servicios» en forma de amor, valoración y cariño. Al ser cada vez más consciente, interioriza que el afán de entregarse exageradamente a los demás tan sólo le acarrea convertirse en una persona dependiente y desconectada de sus necesidades más profundas. Liberado del ego, abandona su miedo básico (no ser amado ni deseado) y empieza a cuidar más de sí mismo, con lo que descubre aficiones e inquietudes propias.

Cualidad esencial: Al recuperar el contacto con el ser, reconecta con su cualidad esencial: la humildad, por medio de la que se ocupa primero de sus propias necesidades amándose a sí mismo tal como es. Al empezar a fluir de manera natural e independiente, se vuelve verdaderamente afectuoso y bondadoso consigo mismo y con los demás. Comprende que el amor no es un premio que se gana siendo generoso con los demás, sino un vínculo que se crea entre dos personas que comparten lo que son. Así, deja de halagar y agradar a los demás para que le devuelvan la atención positiva y se centra en cuidar y percibir más sus propias emociones, sentimientos y necesidades. La gran empatía que manifiesta hacia otros empieza a emplearla en su propio provecho. Se vuelve más introspectivo y, al comenzar a bucear en su interior, conecta con una creatividad que le ayuda a disfrutar de sus momentos de soledad. Ya no depende de los demás para sentirse bien consigo mismo, lo que paradójicamente lo acerca de forma más profunda a las personas a las que ama. Al abandonar conscientemente sus estrategias egocéntricas, se cumple su deseo básico: fruto de su altruismo y generosidad, empieza a dar sin esperar nada a cambio, pero recibe mucho más de lo que pudiera imaginar. Al ser plenamente consciente de todo ello, recupera la paz interior que había perdido mientras trataba egocéntricamente de agradar a los demás.

Profesiones y sectores arquetípicos: Médicos, enfermeros, camilleros, matronas, asistentes sociales, niñeras y voluntarios, así como las ONG, los geriátricos, los hospitales, las guarderías, los orfanatos, la sanidad y los departamentos de atención al cliente.

Eneatipo 3

Identificado con el ego
EL QUE NECESITA VALORACIÓN

VANIDOSO, FALSO, NARCISISTA,
WORKAHOLIC, **CAMALEÓN Y FARSANTE**

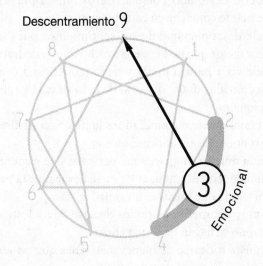

Descentramiento 9

Emocional

3

Breve descripción: Su herida es que no se valora a sí mismo. Piensa que si no destaca, brilla o sobresale en algún ámbito, nadie lo tendrá en cuenta. Y que su valía como ser humano depende de sus triunfos profesionales y del estatus social alcanzado. Tiende a obsesionarse con la imagen, el éxito y el reconocimiento. Le importa demasiado lo que piense la gente. Buscando la admiración de los demás, finge ser alguien que no es. Y de tanto esconderse detrás de una máscara acaba por olvidarse de quien verdaderamente es. Y en el proceso se vuelve muy presumido, ambicioso y competitivo, actuando como un camaleón para impresionar a sus interlocutores.

Herida de nacimiento: Sensación de no ser valioso.

Patrones de conducta inconscientes del ego:
- Cree que su valía como persona depende, en gran parte, de sus éxitos profesionales y el estatus social alcanzado.
- Intenta proyectar una imagen de triunfo, incluso cuando se siente derrotado; como un camaleón, adopta la imagen que más le conviene en cada momento.
- Suele desconectarse de sus sentimientos para trabajar más y mejor que nadie; tiene mucho miedo de fracasar.
- Suele vivir para trabajar y tiene tendencia a caer en la adicción al trabajo, dejando de lado su vida y relaciones personales.
- Necesita que le reconozcan sus logros para sentirse seguro; si no, se los reconoce él mismo.
- Cuida mucho su apariencia personal y se esmera en ser educado, cortés y amigable; suele llevar puesta una máscara tras la que finge ser un ganador.
- Es muy competitivo con los demás y le molesta que las cosas no se hagan de forma eficaz.
- Le gusta rodearse de bienes materiales que refuercen su prestigio e imagen de triunfador.
- No se interesa por aquellas actividades en las que no pueda sobresalir ni destacar.
- Tiene tendencia a caer en la adicción al trabajo; se siente incómodo si no está activo; cree que el ocio es para «vagos».
- Cautiva la atención de los demás desplegando un encanto personal bien calculado; se le da muy bien crear una buena impresión de sí mismo.
- A veces cree que si no brilla y no destaca será invisible a los ojos de los demás, dejando prácticamente de existir.

Recuerdos de infancia: Asocia su infancia a haber tenido que hacer ciertas cosas muy bien para triunfar y así conseguir el aprecio de sus padres. E incluso recuerda haber aprendido que la imagen de ganador era la que garantizaba la valoración, la admiración y el reconocimiento de los demás. De este modo, poco a poco interiorizó que para lograr aprecio tenía que brillar y destacar.

Miedo y deseo inconscientes: Su miedo más profundo es ser considerado un inútil y un fracasado. Teme no ser valorado por lo que es. Por eso se entrega con tanta dedicación a sus metas profesionales. Cree que cuantos más triunfos coseche, más valor y prestigio tendrá como persona. Su deseo inconsciente, por otro lado, es sentirse valioso, reconocido y admirado, lo cual lo lleva a convertirse en una persona que busca el éxito por encima de cualquier otra cosa.

Gustavo estaba obsesionado con su trabajo. Le encantaba ir trajeado y pasarse el día resolviendo con eficacia los problemas de sus clientes. Se esforzaba por obtener los mejores resultados, de los que se vanagloriaba al encontrarse con el resto de los colegas. Reconoce que el miedo a fracasar lo llevó a olvidarse de todo lo demás: el «éxito profesional» era lo único que le importaba.

Vocecita egoica: Le suele recordar que tiene que destacar y sobresalir por encima de los demás para ser valorado y respetado.

Visión subjetiva y distorsionada del mundo: El mundo valora a los ganadores; por tanto, trata de triunfar a toda costa.

Principal defecto: La vanidad, que le lleva a fingir y envolverse tras una máscara falsa y reluciente con la que conquistar la admiración de los demás.

Otras emociones dominantes: Vergüenza y competitividad.

Pedro estaba tan apegado a su rol de profesional que afirmaba que el ocio era una «pérdida de tiempo»; así, cuando se enteraba de que alguno de sus amigos había ido al cine antes de las siete de la tarde, lo tachaba de «vago». Es más, procuraba no salir nunca antes de esa hora por miedo a que algún conocido lo viera por la calle y pudiera pensar lo mismo de él.

Cómo quiere ser visto por los demás: Como un crack, que triunfa y tiene éxito en todo lo que hace.

Marta siempre vestía de forma impecable y se maquillaba para resultar lo más atractiva posible. También se acicalaba con pendientes, anillos y demás joyas que reforzaran su «prestigio» personal, llamando así la atención de los demás. Estaba obsesionada con el «lujo» en cualquiera de sus múltiples manifestaciones.

De qué huye: Del fracaso y la derrota; de quedar como un inútil o un vago a los ojos de los demás.

Adriana solía practicar sólo aquellas actividades que percibía que se le daban bien y en las que podía llegar a «destacar». Si detectaba que no tenía aptitudes necesarias para deslumbrar en algún deporte, no volvía a practicarlo nunca.

Estilo de comunicación: Suele motivar, comerciar, anunciar, vender, comparar, alardear, presumir, mostrar... Y lo hace de manera clara, eficiente, lógica y bien formulada. Se le da muy bien el *networking*. Intenta mostrar que todo le va bien, ocultando sus flaquezas y proyectando una imagen asociada al triunfo y el éxito. Le incomodan las conversaciones relacionadas con su vertiente más íntima y personal.

Principal preocupación: Averiguar cómo puede conseguir la valoración, el respeto y la admiración de los demás.

Señal de peligro: Creer que tiene que actuar para obtener estatus social y reconocimiento profesional.

Teresa era directora de una empresa y solía estar muy interesada en todo aquello que tuviera que ver con el dinero, la fama y el lujo. Sin embargo, cuando se enteraba de algún triunfo empresarial ajeno, comenzaba a invadirle la sensación de que no estaba destacando todo lo que podía y terminaba sintiéndose fracasada. Así, poco a poco se convirtió en una persona adicta al trabajo, con tal de obtener el mayor éxito posible. Durante muchos años, «todo lo demás dejó de tener sentido».

Cómo manipula a los demás: Se muestra encantador, adoptando la imagen que mejor le haga quedar en cada momento.

Algo que no suele tener en cuenta: Tal vez los demás no se identifiquen tanto con su rol profesional, pero eso no significa que no sean igual de competentes y válidos.

Miguel vivía para impresionar a los demás. A tal fin, hablaba de las cosas que creía que más podían atraer la atención de las personas con las que se encontraba en cada momento. Intentaba siempre aparentar una imagen de éxito, como si su vida fuera una sucesión de triunfos constantes. Solía recordar sus hazañas, exagerándolas para aparentar ser una persona más competente de lo que en realidad era.

Actitud paradójica e insana: Después de vivir un período de estrés y temiendo que se cumpla su miedo básico (ser considerado un inútil y un fracasado), suele hacer sentir a los demás que no valen nada, tratándolos con desprecio.

Jaime valoraba por encima de todo a las personas que habían alcanzado importantes puestos ejecutivos; cuanto más alto era el cargo que ocupaba alguien, más admiración le causaba, y viceversa. Medía el valor de una persona por su «estatus profesional» y su «posición social».

Trastorno de personalidad: Narcisista.

Descentramiento: Finalmente, después de identificarse plenamente con el ego y sufrir las consecuencias propias de su eneatipo, termina por descentrarse y manifestar los rasgos más oscuros del eneatipo 9, como la pereza, la apatía, la resignación y la procrastinación. (Para más información, ir a la página 75.)

Punto de inflexión: Darse cuenta de que dedica demasiado tiempo y energía a su profesión con tal de ser valorado, respetado y admirado por los demás. Y tomar consciencia de las consecuencias que le está suponiendo orientarse tan exageradamente hacia el triunfo. Si llega a la conclusión de que su verdadero ser no es el de agradar y conquistar por medio del éxito, estará dando sus primeros pasos para encontrar su autenticidad interior.

Eneatipo 3

Conectado con el ser
AUTENTICIDAD

HONESTO, VALIOSO, EFICIENTE,
RESOLUTIVO, ADMIRABLE Y *NETWORKER*

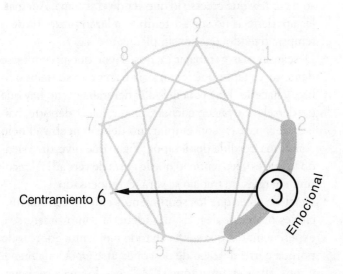

Centramiento: Para desidentificarse del ego le conviene centrarse y poner en práctica los rasgos más luminosos del eneatipo 6, como la valentía, la seguridad, la nobleza y la lealtad. (Para más información, ir a la página 155.)

Prácticas que contribuyen a reconectar con el ser:
- Conocerse a sí mismo. El mayor triunfo no lo obtendrá en el exterior. Saber quién verdaderamente es, es la mejor victoria y recompensa que puede cosechar. Así es como

aumentará su seguridad personal, cultivando una sana autoestima. Es valioso por lo que es, no por lo que hace, consigue o tiene. Eso sí, al principio no ha de tener miedo de conectar con su vacío interior, sino aprender a estar a gusto sin hacer nada, simplemente siendo y estando.

- Darse cuenta de cuándo actúa para deslumbrar a los demás. Observar la cantidad de tiempo y energía que dedica a ser el profesional más reconocido, así como a ganar dinero para comprar la casa más bonita, el coche más lujoso... No hay que creerse lo que vende el sistema. Además, las apariencias no son sostenibles a largo plazo: tarde o temprano tendrá que ser simplemente él.

- Descansar más y trabajar menos. Tiene que preguntarse de tanto en tanto qué le gustaría hacer con su tiempo libre, y hacerlo. Hay vida más allá del trabajo: ¡no hay que perdérsela! Se puede cocinar, pintar, hacer deporte, bailar, leer, pasear, contemplar: no debe concebir el ocio como una pérdida de tiempo. ¡Tiene que divertirse siendo lo que es y haciendo lo que le gusta de verdad! Al recobrar energías, su trabajo se verá recompensado.

- Dejar de creer que los sentimientos entorpecen sus funciones profesionales. Es más, debería comprometerse a experimentar lo que sienta en todo momento. Sobre todo porque corre el riesgo de desconectarse emocionalmente y convertirse en un autómata. Además, los mayores beneficios se obtienen cuando uno trabaja con el corazón.

- En vez de competir por ser el número uno, dedicarse a proyectos en los que forme parte de un equipo. Debe aprender a delegar y a confiar en la competencia de los demás, y no asumir toda la responsabilidad siempre, sino repartirla. Si deja que el mérito final se lo lleve otro, entonces sentirá la verdadera recompensa.

- Buscar personas de confianza con las que pueda ser él mismo y hablar de lo que le preocupa. No debe tener vergüenza de reconocer sus frustraciones y debilidades. Los amigos de verdad están para eso. ¡Y por eso hay que cultivarlos!

- Recordarse de vez en cuando que lo más importante es lo que piensa de sí mismo. Tiene que ser fiel a lo que siente: ponerse en consonancia con su autenticidad, con lo que le gusta, con lo que le llena de verdad. El mayor triunfo de todos es llegar a ser uno mismo, más allá del condicionamiento sociocultural recibido. Debe intentar dejar de lado las opiniones subjetivas que puedan tener los demás sobre él. Es imposible contentar a todo el mundo. Además, si vive en la falsedad, es muy fácil que se pierda en entornos donde se potencien las apariencias y el «escaparate».

Gran aprendizaje vital: A valorarse a sí mismo por lo que es, no por lo que tiene o consigue.

Desafío psicológico: «¿Cómo me van a valorar si dejo de impresionarles y me muestro tal como soy?».

Cambio de percepción de la realidad: Comprende que no tiene que obsesionarse por ser eficaz para cosechar éxitos que le garanticen la valoración, la admiración y el reconocimiento de los demás. Al ser cada vez más consciente, interioriza que el afán de triunfo tan sólo le acarrea convertirse en una persona falsa, insegura y preocupada por juicios y opiniones tan ajenos como carentes de sentido. Liberado de su ego, abandona su miedo básico (ser considerado un inútil y un fracasado) y empieza a ser más sincero y honesto tanto consigo mismo como con los demás.

Cualidad esencial: Al recuperar el contacto con el ser, reconecta con su cualidad esencial: la autenticidad, por medio de la que se muestra tal como es sin que le importe ni limite lo que piense la gente. Al empezar a fluir de manera natural y sincera, se vuelve más honesto consigo mismo y más fiel a sus valores y sentimientos. Comprende que el respeto y la admiración no se consiguen impresionando a los demás, sino que son fruto de dar lo mejor de uno mismo al servicio de los demás. Así, deja de proyectar una imagen asociada al triunfo y el prestigio, y se centra en cuidar y percibir más sus propios sentimientos y emociones. La gran capacidad que tiene para esforzarse en pro de objetivos externos empieza a emplearla en su propio provecho, trabajando sobre su realidad interna. Descubre que puede compartir con otros sus problemas y disfruta dedicando tiempo y energía para saber quién es verdaderamente, cultivando su dimensión personal y emocional. Ya no depende del reconocimiento de los demás para ser quien es en realidad, y ello le permite ser mucho más auténtico en su toma de decisiones y forma de ser. Al abandonar conscientemente sus estrategias egocéntricas, se cumple su deseo básico: fruto de su motivación y alta autoestima, se convierte en una persona mucho más admirable y respetada. Al ser plenamente consciente de todo ello, recupera la paz interior que había perdido mientras trataba egocéntricamente de impresionar a los demás.

Profesiones y sectores arquetípicos: Vendedores, corredores de bolsa, comerciales, presentadores, *personal shoppers*, emprendedores, así como el mercado laboral, la empresa, el dinero, la imagen, el estilismo, la peluquería, el maquillaje, la publicidad, el marketing, la consultoría, la marca personal, el *networking*, los bufetes de abogados, las entidades financieras, los mercados bursátiles, las redes sociales, los escaparates, la entrega de premios, el lujo o la moda.

Eneatipo 4

EL QUE NECESITA ATENCIÓN

DRAMÁTICO, EGOCÉNTRICO, ENVIDIOSO,
DESEQUILIBRADO, ACOMPLEJADO Y MELANCÓLICO

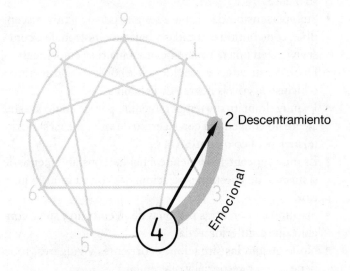

Breve descripción: Su trauma es que no se ve a sí mismo a pesar de mirarse a menudo el ombligo y creerse el centro del universo. Necesita que lo descubran los demás. Y para compensar su complejo de inferioridad, fuerza convertirse en una persona única, especial y diferente. Al compararse con la gente, suele considerar que le falta «algo» para poder ser feliz y llevar una vida equilibrada, sumiéndose en la envidia, la tristeza y la melancolía. Su egocentrismo le lleva a hablar demasiado acerca de las emociones y sentimientos que habitan en su interior. Sin embargo, suele sentirse incomprendido y padece frecuentes altibajos emocionales.

Herida de nacimiento: Sensación de ser inferior.

Patrones de conducta inconscientes del ego:
- Cree ser distinto de los demás y suele sentirse incomprendido.
- Fantasea con historias trágicas y melancólicas creadas por su mente.
- Su hipersensibilidad le hace ser una persona muy susceptible, con continuas subidas y bajadas emocionales, como si viviera en una permanente montaña rusa emocional.
- Debido a su carácter rebelde, suele considerarse el «raro» o incluso la «oveja negra» de la familia.
- Es muy dramático y temperamental; parece como si estar alegre no congeniara con su estilo de vida; suele estar triste, melancólico o depresivo.
- Es muy egocéntrico y tiende a hablar constantemente de sí mismo, de cuestiones relacionadas con su mundo interior.
- Se compara con otras personas de su entorno y suele concluir que es inferior a ellas.
- No le gustan las situaciones corrientes y vulgares; todo tiene que ser «especial y diferente».
- Se interesa por distintas manifestaciones artísticas y suele ser muy creativo.
- Si lo critican o lo malinterpretan, tiende a encerrarse en sí mismo y ponerse de mal humor.
- Vive de forma muy dramática las pérdidas afectivas y tarda mucho más que los demás en recuperarse de éstas.
- Trata de llamar la atención, mostrando su particular forma de ser; es como si en el fondo estuviera esperando a que lo «descubran».

Recuerdos de la infancia: Asocia su infancia con haber sido invisible a los ojos de sus padres. E incluso recuerda haber aprendido que tenía que manifestar cualidades y atributos especiales para llamar la atención de los demás. Así, poco a poco interiorizó que no estaba bien ser demasiado práctico ni demasiado feliz.

Miedo y deseo inconscientes: Su miedo más profundo es no tener una identidad especial y ser considerado común o vulgar. Por eso se encierra tanto en sí mismo y se apega a sus sentimientos y fantasías sobre lo que podría ser o llegar a conseguir. Su deseo más inconsciente, por otro lado, es ser único y diferente de la mayoría, cosa que lo lleva a convertirse en una persona autocomplaciente, demasiado centrada en sí misma.

Raquel se pasaba los días buscando «prendas únicas» con las que vestirse para sentirse especial y diferente de todas sus amigas. Se molestaba sólo con pensar que alguien podría ir vestida igual que ella; le «aterrorizaba» la idea de coincidir en una fiesta con alguien que llevara un mismo conjunto.

Vocecita egoica: Le suele recordar que tiene que mostrarse especial y diferente para llamar la atención de los demás.

Visión subjetiva y distorsionada del mundo: En el mundo los demás tienen algo que a él le falta; por tanto, se pregunta: «¿Qué me pasa?».

Alberto solía creer que él, a diferencia de sus amigos, jamás sería feliz. Siempre encontraba algún motivo para sentirse triste o para que su alegría fuera «incompleta». Se sentía el «protagonista de una película con un final trágico», lo que le provocaba grandes dosis de «dulce melancolía».

Principal defecto: La envidia, que le lleva a sentirse inferior y a compararse con los demás, concluyendo que le falta algo esencial para poder ser feliz.

Otras emociones dominantes: Tristeza y melancolía.

Raúl reconoce que en ocasiones se sentía solo incluso cuando estaba rodeado de sus mejores amigos. Pensaba que nadie podría llegar a entender cómo se sentía por dentro, donde todo era «demasiado profundo e intenso».

Cómo quiere ser visto por los demás: Como una persona especial, sensible, interesante y muy diferente de la masa.

De qué huye: De lo vulgar y corriente; de ser considerado como un miembro normal más de la sociedad.

Maribel nunca frecuentaba lugares adonde fuera «todo el mundo». Ella sólo iba a sitios que tuvieran «algo especial», donde pudiera conocer a personas interesantes y diferentes de la mayoría.

Estilo de comunicación: Suele suspirar, lamentar, sufrir, interpretar, imaginar, poetizar, dramatizar, expresar, emocionar... Y mientras lo hace le suelen brillar intensamente los ojos. Le gusta hablar mucho de sí mismo, de lo que siente, piensa y desea; y hace preguntas personales a sus interlocutores con la finalidad de mantener conversaciones profundas e interesantes. Utiliza con frecuencia pronombres como «yo», «me», «mí», «mío»...

Principal preocupación: Sentirse rechazado por los demás o sentirse inferior; también se cuestiona acerca de si sabe expresarse y comunicar de una forma especial todo lo que siente en su interior.

Señal de peligro: Creer que tiene que aferrarse a sus sentimientos, a su mundo fantástico, íntimo y especial, que se ve intensificado mediante la imaginación y la ensoñación.

Martín podía pasarse horas soñando con la mujer de su vida, por mucho que todavía no la hubiera conocido. Inventaba histo-

*rias románticas, en las que él la conquistaba una y otra vez. La
vuelta a la «cruda» realidad a veces se le hacía «insoportable».*

Cómo manipula a los demás: Se muestra tan temperamental
que los demás tienen que ir con mucho cuidado si no quieren
ser víctimas de su irracionalidad.

Algo que no suele tener en cuenta: Aunque se esfuerce por ser
profundo e intenso, tal vez los demás no conecten con su mundo interior ni sepan comprenderlo ni apreciarlo.

*Víctor solía compartir sentimientos y pensamientos muy ínti-
mos con personas a las que acababa de conocer y a veces se sentía
ofendido por la falta de empatía o desinterés que éstas mostraban
hacia él.*

Actitud paradójica e insana: Después de vivir un período de
estrés y temiendo que se cumpla su miedo básico (no tener una
identidad especial y ser considerado común o vulgar), suele tratar a las demás personas con desdén, como si no fueran «nadie»
y no valieran ni importaran nada.

*Irene solía relacionarse con artistas o intelectuales que tuvie-
ran un mundo interior apasionante; la gente «normal y corriente» no le interesaba para nada, puesto que los consideraba como
parte del decorado de la película en que se había convertido su
vida.*

Trastorno de personalidad: Bipolar.

Descentramiento: Finalmente, después de identificarse plenamente con el ego y sufrir las consecuencias propias de su eneatipo, termina por descentrarse y manifestar los rasgos más oscuros del eneatipo 2, como el orgullo, la dependencia, la adulación
o el chantaje. (Para más información, ir a la página 101.)

Punto de inflexión: Darse cuenta de que dedica demasiado tiempo y energía a crearse una identidad especial para llamar la atención y ser aceptado y deseado por los demás. Tomar consciencia de las consecuencias que le está conllevando apegarse exageradamente a sus sentimientos y pensamientos. Si llega a la conclusión de que su verdadero ser no es el de llamar la atención por medio de su especial y diferente forma de ser, estará dando sus primeros pasos para encontrar su ecuanimidad interior.

Eneatipo 4

Conectado con el ser
ECUANIMIDAD

**CREATIVO, ORIGINAL, PROFUNDO,
SENSIBLE, EQUILIBRADO E INTROSPECTIVO**

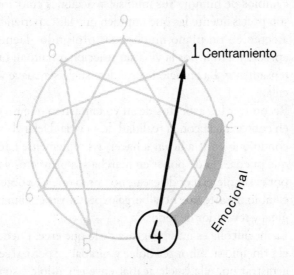

Centramiento: Para desidentificarse del ego le conviene centrarse y poner en práctica los rasgos más luminosos del eneatipo 1, como la integridad, la visión, la organización o la inspiración. (Para más información, ir a la página 69.)

Prácticas que contribuyen a reconectar con el ser:
- Desconfiar de las interpretaciones subjetivas que da a las intenciones o comentarios aparentemente negativos de los demás acerca de él. No ha de quedarse simplemente

con sus sospechas. Si le interesa la verdad objetiva, debe averiguarla y corroborarla. Además, debido a sus ataques de egocentrismo, a veces puede llegar a abrumar a sus amigos. Hay que recordar que ellos también tienen sus propios problemas. Tiene que aprender a reducir al mínimo las referencias sobre sí mismo e intentar hablar siempre después de haber preguntado al otro. Establecer empatía con los demás enriquecerá todas sus relaciones.

- Dejar de creer que la sensibilidad equivale a los continuos cambios de humor. Sus intensas reacciones emocionales son precisamente las que impiden que las experiencias le afecten en un plano mucho más profundo. Tiene que aprender a fluir por la vida sin reaccionar tanto ni tan intensamente. La emoción verdadera suele ser suave y sencilla.

- Reconocer los aspectos de su yo fantástico que no están en consonancia con la realidad de su vida. Dejar de soñar con lo que podría llegar a hacer, y simplemente hacer lo que pueda. Ha de poner en marcha sus proyectos y crear por el simple placer de crear, no por lo que va a obtener a cambio. El arte que no alberga expectativas es el más original y revelador de todos.

- La melancolía es más peligrosa de lo que cree. Puede que al principio su sabor sea dulce y agradable, pero, si se deja arrastrar por ella, suele acabar envenenándole y sumiéndole en la tristeza. Es como rascarse una picadura de mosquito. Al principio es muy placentero, pero rascándose sólo se consigue que el picor sea cada vez más intenso. Si quiere evitar la tristeza y la depresión, ¡debe despedirse primero de la melancolía!

- Disfrutar y enriquecerse de las cualidades positivas de otras personas sin sentir envidia por ellas, sino admiración. Debe dejar de compararse: todos tenemos virtudes y defectos. Hay que aceptarse tal como uno es, porque en su interior se alberga mucho más de lo que se envidia en otras personas.

- Establecer rutinas positivas y productivas. La inspiración sólo aparece cuando se está trabajando. Un poco de organización puede ayudarle a liberar la infinita creatividad que puede ofrecer al mundo.

- Abandonar sus ensoñaciones trágico-románticas. Cuanto más se evada de la realidad a través de este tipo de pensamientos cargados de sentimiento, más difícil le va a resultar vivir «con los pies en la tierra». Aunque sea un bonito refugio donde experimentar lo que le gustaría vivir, se trata de una ilusión que le está consumiendo poco a poco, absorbiendo la energía que necesita para poner en marcha proyectos en su verdadera vida. Debe recordar que escapar de la realidad es el problema, y no la solución. Además, no es sostenible a largo plazo.

Gran aprendizaje vital: Verse a sí mismo tal y como verdaderamente es, dejando de forzar ser único y especial para ser realmente quien es.

Desafío psicológico: «¿Cómo me van a mirar si dejo de dramatizar y sufrir, y vivo de forma equilibrada?».

Cambio de percepción de la realidad: Comprende que no tiene que obsesionarse por ser especial y diferente para crearse una identidad que le garantice el amor, la valoración y la aceptación de los demás. Al ser cada vez más consciente, interioriza que el afán de enriquecerse de experiencias y personas especiales le impide disfrutar de los momentos ordinarios y cotidianos de la vida. Liberado de su ego, abandona su miedo básico (no tener una identidad especial y ser considerado común y vulgar) y empieza a estar más equilibrado y a participar más empática y serenamente en la vida de los demás.

Cualidad esencial: Al recuperar el contacto con el ser, reconecta con su cualidad esencial: la ecuanimidad, por medio de la que vive de forma estable y equilibrada independientemente de lo que suceda. De este modo, desarrolla la habilidad de ver lo bueno en lo malo y lo malo en lo bueno, cultivando una visión más neutra y objetiva de la realidad. Al empezar a fluir de manera natural y estable, se vuelve más equilibrado y no tan encerrado en sus fantasías e idealizaciones subjetivas. Comprende que el ser diferente y especial no es patrimonio de nadie ni de nada, sino que todo lo que existe tiene valor por sí mismo. Así, deja de padecer constantes subidas y bajadas emocionales en busca de la identidad soñada, y se acepta a sí mismo tal y como es. La gran capacidad que tiene para bucear en las profundidades de sí mismo empieza a emplearla para conocer y orientar a los demás a potenciar sus dones creativos ocultos. Descubre que no todo tiene por qué ser tan intenso y se vuelve más activo y organizado a fin de sacar adelante sus propios proyectos creativos. Ya no depende de la atención de los demás, y ello le permite ser mucho más estable y realista en su toma de decisiones y forma de ser. Al abandonar conscientemente sus estrategias egocéntricas, se cumple su deseo básico: se convierte en una persona sensible y original a la que no le falta de nada. Al ser plenamente consciente de todo ello, recupera la paz interior que había perdido mientras trataba egocéntricamente de gustar a los demás.

Profesiones y sectores arquetípicos: Artistas, terapeutas, escritores, guionistas, diseñadores, ilustradores, actores, compositores, pintores y escultores, así como la creatividad, las manualidades, los hobbies, el arteterapia, el psicoanálisis, el autoconocimiento, la filosofía, el cine, la música, la ópera, el teatro, la literatura, el arte o la cultura.

VII

La tríada del pensamiento
(centro intelectual)

Las personas que forman parte de la tríada del pensamiento (eneatipos 5, 6 y 7) están obsesionadas con sentirse seguras y protegidas. Al desconectarse de su verdadera esencia, van creando una personalidad observadora, dubitativa y entusiasta, que busca en su entorno el apoyo y la orientación que no encuentran en su interior. Su principal conflicto es la falta de confianza. Debido a sus inseguridades, temen expresar sentimientos, tomar decisiones y conectar con el sufrimiento. Y entre otras emociones, suelen experimentar grandes dosis de miedo y ansiedad.

Eneatipo 5

Identificado con el ego
EL QUE TEME EXPRESAR SENTIMIENTOS

DISTANTE, INDIFERENTE, AISLADO,
CÍNICO, HERMÉTICO E HIPERRACIONAL

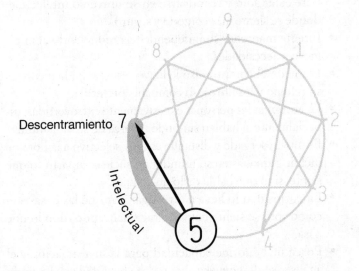

Descentramiento 7

Intelectual

Breve descripción: Su mayor miedo es ser incapaz de relacionarse emocionalmente con los demás. Todo lo que tenga que ver con los sentimientos, así como con el contacto físico, le incomoda y abruma. Suele ser distante, frío, reservado y un poco ermitaño. Y tiende a encerrarse en su soledad, regodeándose en su mundo racional, teórico e intelectual. Acumula información y conocimiento sin sentirse jamás preparado para pasar a la acción. Le aterra enfrentarse a la realidad, especialmente cuando surgen compromisos emocionales con otras personas.

Herida de nacimiento: Sensación de no ser capaz.

Patrones de conducta inconscientes del ego:

- En presencia de otras personas, sobre todo desconocidas, se desconecta de sus sentimientos y emociones.
- Reúne y acumula información sin sentirse jamás preparado para pasar a la acción; es un gran teórico, pero tiene miedo de enfrentarse a la realidad.
- No es muy expresivo con las personas que lo rodean; prefiere estar solo y regodearse en su universo intelectual, donde se siente más cómodo y seguro.
- Intenta mantener su independencia reduciendo al mínimo sus necesidades.
- El miedo al compromiso le lleva a estar solo; la mente es su refugio y los libros, su compañía preferida.
- Le abruman las personas excesivamente extrovertidas, especialmente si hablan sin pudor acerca de su vida íntima.
- Es muy reservado y distante; es muy selectivo a la hora de incluir personas en su mundo; no suele compartir lo que siente, sino que habla de lo que piensa.
- La curiosidad lo lleva a investigar por qué las cosas son como son; se siente cómodo racionalizando todo lo que pasa.
- Posee una enorme capacidad para la investigación y el análisis; se desenvuelve con mucha facilidad en el mundo de la mente y las ideas.
- Es tan austero que incluso puede llegar a escatimar en afecto y cariño; no le gusta implicarse ni comprometerse, sobre todo emocionalmente.
- Le incomodan las situaciones demasiado emocionales; no le gusta hablar de lo que siente porque cree que compartiendo sus sentimientos los perderá.
- Suele convertirse en experto en alguna materia de conocimiento o en adicto a la «acumulación intelectual».

Recuerdos de la infancia: Asocia su infancia con el temor a ser abrumado emocionalmente por sus padres, que tendían a invadir demasiado su intimidad. E incluso recuerda haber aprendido que, para sentirse seguro y confiado, debía refugiarse en su mente. Así, poco a poco interiorizó que para sentirse seguro y protegido debía aislarse del mundo y evitar implicarse emocionalmente con los demás.

Miedo y deseo inconscientes: Su miedo más profundo es ser ignorante, impotente e incapaz de vivir en el mundo, así como expresar y compartir sentimientos. Teme no estar a la altura de las exigencias emocionales de los demás. Por eso se refugia en la soledad de sus pensamientos. Su deseo más inconsciente, por otro lado, es entender el mundo que lo rodea para poder compartirse con los demás, cosa que lo lleva a convertirse en una persona especializada en alguna materia de conocimiento.

Silvia solía encerrarse todas las tardes en su habitación para poder estar sola y pensar en sus cosas, una actividad que le daba mucha seguridad para poder enfrentarse tarde o temprano a la vida. Leía mucho sobre algún tema en concreto. Y apagaba el móvil, no fuera que algún «intruso» desmontara aquellos momentos de intimidad.

Vocecita egoica: Le suele recordar que necesita más información y conocimiento antes de pasar a la acción en el mundo real.

Fermín estuvo estudiando durante años acerca de la fauna y la flora que se encuentran en las profundidades del mar. Llegó a memorizar el nombre de más de mil quinientas especies diferentes sin haberse sumergido nunca a más de un metro y medio del agua.

Visión subjetiva y distorsionada del mundo: El mundo tiende a invadir a las personas; por tanto, necesita intimidad y soledad para proteger sus recursos y reponer energías.

Elena era muy reservada y no solía participar demasiado en la vida de sus amigos. Pensaba que no tenía la suficiente energía para «compartirse» y muchas veces le abrumaban las necesidades de los demás, sobre todo cuando estaban relacionadas con sentimientos. Además, cuando en alguna ocasión había compartido lo que sentía, inmediatamente se arrepentía, como si sólo los débiles mostraran ese tipo de emociones. Estaba convencida de que, al compartir sus sentimientos, éstos «se degradaban o directamente se perdían».

Principal defecto: La avaricia, que le lleva a sentir que carece de recursos y de energía, sintiendo que si se comparte emocionalmente con los demás, se quedará sin nada.

Otras emociones dominantes: Cinismo e indiferencia.

Federico era una persona extremadamente austera. No le gustaba gastar dinero ni sentir que necesitaba a otros para poder sobrevivir. Con el tiempo, le proporcionaba un inmenso placer poder «vivir con muy poco». Apenas se relacionaba y acabó trabajando en casa, donde se sentía «seguro e independiente».

Cómo quiere ser visto por los demás: Como una persona inteligente, racional, perspicaz y austera, que no necesita nada ni a nadie.

Yolanda nunca se creía preparada para salir con ningún chico. Llegó a leer decenas de libros sobre las relaciones de pareja y sobre el arte de amar antes de que el primer chico la besara, años más tarde. Así conseguía alejarse de su mayor miedo: «comprometerse emocionalmente» con otra persona.

De qué huye: De personas o situaciones demasiado emocionales, que le lleven a conectar con sus sentimientos más profundos.

Paloma se incomodaba mucho cuando alguien le hablaba de temas muy personales, sobre todo si éstos tenían que ver con su dimensión emocional. No le gustaba que los demás le contaran sus problemas sentimentales. Enseguida se desconectaba por dentro y dejaba ir alguna excusa para poder marcharse a cualquier otra parte donde pudiera estar sola.

Estilo de comunicación: Suele resumir, sintetizar, esquematizar, teorizar, explicar, racionalizar... Y lo hace con parquedad, escogiendo cuidadosamente las palabras. Suele comunicar ideas de todo tipo, marginando por completo el plano emocional del asunto que comenta. Es muy poco expresivo y suele parecer frío y distante.

Principal preocupación: Se pregunta si los demás le van a pedir que dedique tiempo, energía y recursos, especialmente en el plano emocional.

Señal de peligro: Creer que tiene que apartarse de la realidad en general y de las personas de su entorno en particular para sumergirse en teorías, conceptos e ideas donde sentirse protegido y seguro.

Tomás tenía tanto miedo de que la vida le afectara en algún sentido, que terminó por ser investigador en un centro médico, en el que se pasaba los días aislado de la sociedad. Vivía entre su despacho y su laboratorio, donde todo estaba bajo su control, sin nada ni nadie externo que lo abrumara ni le exigiera.

Cómo manipula a los demás: Se encierra en sí mismo, aislándose de los demás, evitando así cultivar vínculos emocionales, sentimentales y afectivos.

Algo que no suele tener en cuenta: Tal vez los demás no deseen el enfoque lógico y racional que suelen tener sus intervenciones, y quizá prefieran que pensamiento y sentimiento estén más integrados.

Actitud paradójica e insana: Después de vivir un período de estrés y temiendo que se cumpla su miedo básico (ser ignorante, impotente e incapaz de vivir en el mundo, así como expresar y compartir sentimientos), suele hacer sentir a los demás de esta misma forma mediante «batallas dialécticas».

Trastorno de personalidad: Autista.

Descentramiento: Finalmente, después de identificarse plenamente con el ego y sufrir las consecuencias propias de su eneatipo, termina por descentrarse y manifestar los rasgos más oscuros del eneatipo 7, como la glotonería, la dispersión, la evasión y la hiperactividad. (Para más información, ir a la página 161.)

Punto de inflexión: Darse cuenta de que dedica demasiado tiempo y energía a estudiar e investigar todo tipo de conocimientos para huir de su miedo a compartir sus sentimientos con los demás. Y tomar consciencia de las consecuencias que le está suponiendo aislarse del mundo. Si llega a la conclusión de que su verdadero ser no es el de refugiarse en sus pensamientos para aprender a vivir, estará dando sus primeros pasos para encontrar su desapego interior.

Eneatipo 5

Conectado con el ser
DESAPEGO

COMPRENSIVO, SABIO, OBJETIVO, INTELIGENTE, CURIOSO E INNOVADOR

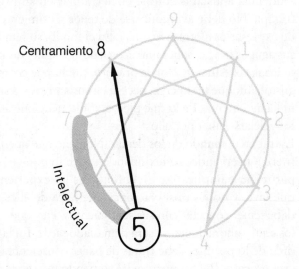

Centramiento: Para desidentificarse del ego le conviene centrarse y poner en práctica los rasgos más luminosos del eneatipo 8, como la inocencia, la ternura, el poder y la fortaleza. (Para más información, ir a la página 91.)

Prácticas que contribuyen a reconectar con el ser:
- No pensar tanto. La lucidez mental surge cuando aprende a silenciar la mente. Tendría que dedicar tiempo a cultivar conscientemente el silencio dentro de su cabeza y

observar su tendencia a refugiarse en sus ideas cuando tiene miedo de la realidad. Al utilizar el pensamiento de esa forma, sólo consigue perder la energía que necesita para afrontar los retos de cada día.

- Hacer ejercicio físico. Puede probar a correr, bailar, practicar artes marciales, etc. El deporte le ayudará a conectar más con su cuerpo y a salirse de su mente. Así podrá buscar el sano equilibrio entre ambos.

- Compartir lo que siente con personas de confianza. Su tendencia a aislarse sólo le encierra más en su propia trampa. No debe avergonzarse de tener sentimientos ni de expresarlos a otras personas. En el fondo, su familia y sus amigos desean saber más acerca de él y se alegrarán de que haga el esfuerzo. Con la práctica, ¡incluso le cogerá el gusto! Aunque no lo crea, necesita a sus amigos y a su familia mucho más de lo que piensa. ¡Sólo tiene que amarlos y dejarse amar por ellos!

- Entrar en el mundo de los demás. No tiene que quedarse fuera, observando, reflexionando sobre lo que ve, sino participar e implicarse. En el fondo es las experiencias que vive, y no las observaciones que hace de ellas. No debe temer conectar con sus sentimientos. Hay que vivirlos aquí y ahora; luego ya será demasiado tarde. En la medida de lo posible, debe tratar de hacer consciente todo este proceso. Poco a poco se irá sintiendo más libre para compartir espontáneamente lo que siente con las personas a las que ama.

- Si quiere aprender a bailar, solo tiene que bailar, no quedarse mirando a los demás cómo lo hacen ni estudiar diez manuales sobre el tema. Se aprende más con un minuto de práctica que con una hora estudiando. Debe dejar de pensar que todavía no sabe lo suficiente. Ésa es precisamente la trampa de su mente: le obliga a convertirse en un experto mediante el exhaustivo estudio mental. Para cuando haya conseguido el conocimiento necesario, puede que sea demasiado tarde. Está mucho más capacitado para todo de lo que cree. Sólo ha de probarlo: no tiene nada que perder y sí mucho que ganar.

- Incrementar su capacidad para comprometerse en proyectos de su agrado. Tiene que analizar la forma en la que suele desvincularse automáticamente de todo y de todos. Si busca contextos de su interés, encontrará personas interesantes con las que compartirse más regularmente. El ser humano es un animal social, libre para decidir con quién se relaciona. Sólo hay que escoger con sabiduría.

- Dejar de creer que compartiendo lo que siente va a perder sus sentimientos. De hecho, es todo lo contrario: cuando expresa su amor a través de palabras y acciones, lo que está haciendo es incrementar su energía dentro y fuera de él. Simplemente hay que hacer la prueba: decir lo que se siente a la persona que se ama y luego abrazarla con fuerza. Deshacerse, fundirse a través del contacto humano. Así descubrirá que el amor es transformador, pues da fuerzas para vencer el miedo a vivir la realidad.

Gran aprendizaje vital: Dejar de racionalizar y atreverse a pasar a la acción, implicándose y comprometiéndose en el mundo.

Desafío psicológico: «¿Cómo voy a adquirir conocimiento si dejo de racionalizar y paso a la acción?».

Cambio de percepción de la realidad: Comprende que no tiene por qué esforzarse tanto en entender intelectualmente cómo interaccionar con los demás, puesto que se trata de un conocimiento que sólo se aprende con la práctica. Al ser cada vez más consciente, interioriza que el afán de acumular y ahorrar energía, tiempo y sentimientos le impide compartirse con los demás y, por ende, alcanzar la plenitud que tanto anhela. Liberado de su ego, abandona su miedo básico (ser ignorante, impotente e incapaz de vivir en el mundo, así como expresar sentimientos) y empieza a sentirse más unido con la realidad emocional de su entorno y a utilizar su sabiduría para comprometerse más activamente en la vida de las personas a las que ama.

Cualidad esencial: Al recuperar el contacto con el ser, reconecta con su cualidad esencial: el desapego, por medio del que puede vincularse y comprometerse con los demás preservando su libertad e independencia emocional. De este modo, comprende que la felicidad solo depende de sí mismo, del mismo modo que la felicidad de los demás tan sólo depende de ellos. Al empezar a fluir de manera natural y comprensiva, se vuelve más objetivo y menos encerrado en la soledad de sus pensamientos subjetivos. Comprende que ha de cultivar la presencia en su cuerpo y, al conectar con su energía instintiva, poco a poco va adquiriendo más confianza y seguridad en sí mismo para compartirse con las personas a las que ama. Así, deja de refugiarse en sus pensamientos y se implica más emocionalmente en la vida de los demás. La gran capacidad que tiene para desenvolverse en el plano intelectual empieza a emplearla para comprender que tiene energía, tiempo y recursos de sobras para amar y ser amado. Descubre que es capaz de procesar sentimientos reprimidos durante mucho tiempo y que puede expresarlos a las personas queridas. Ya no tiene miedo a comprometerse y se siente mucho más a gusto y cómodo en situaciones de gran contenido emocional. Al abandonar conscientemente sus estrategias egocéntricas, se cumple su deseo básico: se convierte en una persona sabia y comprensiva, que no sólo es capaz de concebir ideas visionarias e innovadoras, sino que también puede compartir sus sentimientos más profundos con los demás. Al ser plenamente consciente de todo ello, recupera la paz interior que había perdido mientras trataba egocéntricamente de no ser abrumado por los demás.

Profesiones y sectores arquetípicos: Catedráticos, investigadores, científicos, historiadores, anticuarios, coleccionistas, contables, programadores, así como la arqueología, la paleontología, la antropología, la encriptación de datos, la física, la química, la botánica, la informática, la tecnología, la innovación, las estadísticas, los excels, los números y las matemáticas.

Eneatipo 6

Identificado con el ego
EL QUE TEME TOMAR DECISIONES

**MIEDOSO, COBARDE, DUBITATIVO,
PREOCUPADO, ANSIOSO Y PESIMISTA**

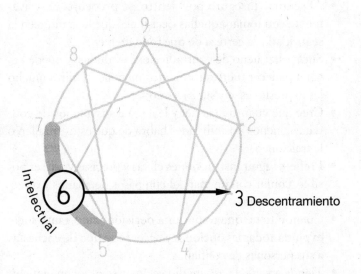

Breve descripción: Su herida es que no confía en sí mismo. A menudo le invade el miedo y la ansiedad por potenciales problemas futuros. Vive en un permanente estado de alerta para no ser cogido desprevenido. Al sentirse tan inseguro por dentro, tiende a preocuparse de forma paranoica, pensando en lo peor que puede suceder en cada momento. Y dado que busca seguridades y certezas absolutas, duda cada vez que tiene que tomar una decisión. De hecho, para aplacar sus dudas, suele preguntar a otras personas qué hacer con su vida. Su mente parece una cabra loca que va dando un salto a otro entre la pregunta «¿y sí...?» y la respuesta «no sé»...

Herida de nacimiento: Sensación de no poder confiar en sí mismo.

Patrones de conducta inconscientes del ego:
- A menudo le invade el miedo y la ansiedad por los potenciales problemas futuros; vive en un permanente estado de alerta para no ser cogido desprevenido.
- Al sentirse inseguro por dentro, se preocupa obsesivamente con tomar aquellas decisiones que le garanticen la seguridad y la certeza de que todo irá bien.
- Suele estar lleno de contradicciones y dudas, y puede llegar a padecer fuertes tormentos mentales. Utiliza mucho las expresiones «¿y sí...?» y «no sé».
- Cree que cuanto más fiel y leal sea a sus amigos de confianza, menos posibilidades habrá de que éstos le fallen o le traicionen.
- Prefiere seguir instrucciones claras y precisas y, de ser posible, contar con un manual con pasos detallados y directrices concretas.
- Cuando tiene que tomar una decisión importante suele explorar todas las opciones y hacer todo tipo de encuestas a sus personas de confianza.
- Tiende a ver «el vaso medio vacío» y se preocupa muchísimo por asuntos que todavía no han ocurrido.
- Uno de sus principales conflictos es la lucha constante entre su valentía y su cobardía.
- Duda entre seguir a figuras de autoridad, haciendo lo que se supone que tiene que hacer —lo cual le da seguridad— y rebelarse, atreviéndose a seguir su intuición, lo cual le aterra.
- Al contactar con sólidas creencias, o bien las acepta crédulamente, o las cuestiona con ferocidad, convirtiéndose en abogado del diablo.

- A pesar de sus miedos e inseguridades, en ocasiones toma grandes decisiones que dejan a su entorno boquiabierto.
- Tiene un radar interno para detectar falsedades, inconsistencias o contradicciones, el cual le permite saber si puede confiar en una persona o no.

Recuerdos de la infancia: Asocia su infancia con el temor de no contar con el apoyo de sus padres para orientarse en la vida. E incluso recuerda haber aprendido que, para sentirse seguro y confiado, debía seguir el camino marcado por la autoridad, ante la que, de tanto en tanto, se rebelaba. Así, poco a poco interiorizó que no estaba bien confiar en sí mismo.

Miedo y deseo inconscientes: Su miedo más profundo es afrontar situaciones adversas de forma imprevista y no estar capacitado para salir airoso por sí mismo. Teme no contar con la seguridad que precisa para caminar tranquilo por la vida. Su deseo más inconsciente, por otro lado, es encontrar apoyo y orientación para sentirse seguro, cosa que lo lleva a convertirse en una persona fuertemente apegada a alguna creencia, persona o institución externa.

Bárbara solía sentirse tan insegura que necesitaba consultar a sus amigas de mayor confianza antes de tomar todo tipo de decisiones. Dudaba tanto, que en ocasiones hacía sondeos entre numerosas personas de su entorno y tomaba la decisión que mayor número de veces le habían recomendado.

Vocecita egoica: Le suele recordar que para sentirse protegido ha de hacer en todo momento lo que se espera de él, tomando aquellas decisiones que más seguridad le garanticen.

Visión subjetiva y distorsionada del mundo: El mundo es un lugar inseguro y amenazador; por tanto, cree que tiene que estar siempre atento a posibles peligros.

Pepe desconfiaba de todo el mundo, pensando que en cualquier momento «se la iban a jugar». Siempre estaba atento a movimientos, actitudes o comentarios que reafirmaran sus sospechas.

Principal defecto: La cobardía, que le lleva a preocuparse y sentir ansiedad por situaciones y acontecimientos que todavía no han ocurrido, pensando que va a pasar lo peor que puede pasar.

Otras emociones dominantes: Miedo y ansiedad.

Joaquín solía pensar detenidamente en todas las adversidades que potencialmente podían sucederle antes de tomar una importante decisión. Lo hacía para evitar equivocarse y sufrir tan drásticas consecuencias. Sin embargo, cuanto más pensaba sobre ello, más inseguro y ansioso se sentía, y menos capaz se veía de tomar ninguna decisión importante en su vida.

Cómo quiere ser visto por los demás: Como una persona leal, fiel y valiente, que hace lo que debe y que, por tanto, es digna de confianza.

Isabel solía pasar largas temporadas padeciendo tormentos mentales debido a su incapacidad de aceptar el hecho de no encontrar su primer empleo. La ansiedad la devoraba por dentro, lo que la llevó a morderse las uñas y a comer ansiosa y compulsivamente.

De qué huye: De personas y situaciones que le hagan conectar con el miedo, la inseguridad, la incertidumbre y la duda.

Sebastián no soportaba ser colaborador free-lance para una consultora, a pesar de disfrutar mucho de lo que hacía. La incertidumbre de no saber cuánto iba a ganar cada mes le generaba muchas preocupaciones y ansiedades. En cuanto tuvo la oportunidad, firmó un contrato indefinido, aunque trabajando para otra empresa y desempeñando un cargo que no le gustaba tanto.

Estilo de comunicación: Suele cuestionar, analizar, plantear, prevenir, dudar... Y lo hace alternando discursos enérgicos y llenos de seguridad con comentarios espontáneos que cuestionan sus propias afirmaciones y que lo llevan a dudar de sí mismo. Suele plantear preocupaciones e inquietudes del tipo «¿y si...?». Utiliza con frecuencia la expresión «no sé».

Principal preocupación: Se pregunta qué podría ir mal, en quién puede confiar y si está tomando las decisiones que más seguridad pueden proporcionarle.

Señal de peligro: Creer que necesita depender de algo o alguien del exterior para encontrar apoyo y orientación a la hora de tomar sus propias decisiones.

Cómo manipula a los demás: Pone a prueba la lealtad y la fidelidad de sus personas de confianza.

Algo que no suele tener en cuenta: Por mucho que sienta el deber de pensar en cómo resolver los problemas futuros, tal vez no caiga en la cuenta de que los demás también pueden asumir dicha responsabilidad.

Carlos solía preocuparse muchísimo el día antes de irse de vacaciones con su familia por miedo a perder el avión. Se sentía responsable de que nadie se durmiera o se retrasara, por lo que apenas podía dormir la noche antes.

Actitud paradójica e insana: Después de vivir un período de estrés y temiendo que se cumpla su miedo básico (afrontar situaciones adversas de forma imprevista y no estar capacitado para salir airoso por sí mismo), suele cuestionar las creencias de otros con el fin de derrumbarlas y hacerlos sentir inseguros.

Nuria llegó a cuestionar fieramente a una de sus mejores amigas por sentirse muy bien consigo misma después de varias sesio-

nes de reflexoterapia. Por un lado no se creía que dicha práctica pudiera mejorar su estado de ánimo y, por el otro, le molestaba verla tan segura de lo que decía.

Trastorno de personalidad: Paranoico.

Descentramiento: Finalmente, después de identificarse plenamente con el ego y sufrir las consecuencias propias de su eneatipo, termina por descentrarse y manifestar los rasgos más oscuros del eneatipo 3, como la vanidad, la falsedad, el narcisismo o el *workaholismo*. (Para más información, ir a la página 113.)

Punto de inflexión: Darse cuenta de que dedica demasiado tiempo y energía a buscar apoyo y orientación en otras personas y creencias por sentirse inseguro en su interior. Y tomar consciencia de las consecuencias que le está suponiendo aferrarse a personas y creencias externas para sentirse seguro. Si llega a la conclusión de que su verdadero ser no es el de apoyarse en otros para seguir adelante, estará dando sus primeros pasos para encontrar su valor interior.

Eneatipo 6

Conectado con el ser
CORAJE

VALIENTE, LEAL, NOBLE,
FIEL, CONFIABLE Y SEGURO

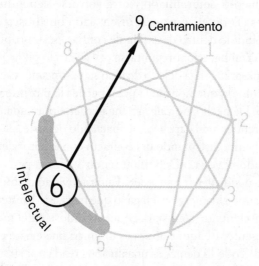

Centramiento: Para desidentificarse del ego le conviene centrarse y poner en práctica los rasgos más luminosos del eneatipo 9, como la proactividad, la armonía, la asertividad o la diplomacia. (Para más información, ir a la página 81.)

Prácticas que contribuyen a reconectar con el ser:
- Dejar de preocuparse por los problemas futuros. ¡Hay que ocuparse de ellos en el momento presente! Además, tiene que darse cuenta de que, al tener la tendencia a pen-

sar en lo peor, las amenazas que concibe mentalmente no suelen llegar a ocurrir casi nunca. Con ello, lo único que consigue es desgastarse mentalmente y hacerse menos eficiente para afrontar las dificultades que trae consigo cada día. Debe aprender a silenciar al «comité interior» que parece haberse instalado en su mente y dejar de preocuparse por lo que todavía no ha sucedido.

- Nadie sabe mejor que uno mismo lo que se tiene que hacer en cada momento. Una cosa es pedir consejo en un momento determinado y otra volverse dependiente de ellos. Todo el apoyo y la orientación que busca está esperándole dentro de sí. Ha de confiar en su propio criterio. Y al hacerlo, preguntarse: «¿Qué es lo peor que puede pasar?». Si ha dejado de lado su pesimismo, caerá en la cuenta de que no vale la pena perder la paz interior por ello. De hecho, no vale la pena perderla por nada.

- Aprender a relajar su mente haciendo deporte, paseando, nadando, disfrutando del contacto con la naturaleza, probando el yoga... Debería intentar vivir sin pensar en lo que puede llegar a suceder. Tanta actividad mental le está dejando sin energías. Haga lo que haga, ha de intentar ser consciente de sí mismo, concentrándose en el momento presente. El aquí y ahora es lo único que existe en realidad. Todo lo demás es una ilusión creada por su mente.

- Para fortalecer su autoestima y seguridad en sí mismo, lo mejor es comenzar a tomar decisiones individualmente, siendo consecuente con los resultados, sean los que sean. Puede empezar con cuestiones sin importancia e ir asumiendo cada vez más responsabilidad. Paralelamente, puede hacer un listado de sus valores; es decir, aquello verdaderamente importante para él. Cuanto más claros sean sus propios valores, más claridad tendrá a la hora de tomar decisiones.

- Es muy importante tener amigos para crecer como persona, pero sin dejar de hacer las cosas que a uno le gustan. Aunque vaya en contra del pensamiento general del grupo, ha de aprender a tomar sus propias decisiones. La verdadera confianza no se la da formar parte de algo, sino que es el resultado de ser uno mismo, aunque se tenga que pasar por momentos de soledad.

- Dejar de ver la botella medio vacía para verla medio llena. Los pensamientos negativos generan automáticamente emociones negativas, que a su vez condicionan de forma negativa su conducta. Hay que salir de este círculo vicioso y aprender a enfrentarse a la adversidad de manera positiva. Sonreír puede convertirse en su mejor aliado frente al miedo. Debe recordar que su inseguridad es una consecuencia de su obsesión por sentirse seguro en un mundo que no lo es. La incertidumbre es inherente a la existencia. Para afrontarla, puede hacer uso de su valentía y confiar más en sí mismo. Sólo así podrá confiar más en la vida. Todo lo que le sucede es lo que necesita para aprender a vivir sin miedo.

- Dejar de decir «no sé» cuando habla e intentar ser consciente cuando comparta lo que piensa con otras personas. Los demás podrán estar o no de acuerdo con lo que dice, pero no tiene que dejar que su inseguridad reste credibilidad a sus argumentos o afirmaciones. No se trata de compartir certezas, sino de intercambiar puntos de vista enriquecedores. Lo que piensa tiene el mismo valor que lo que piensan los demás. No hay que sabotearse a uno mismo.

Gran aprendizaje vital: Confiar en sí mismo y en la vida, tomando sus propias decisiones para convertirse en su referente.

Desafío psicológico: «¿Cómo voy a sentirme seguro si no pienso en lo peor que puede pasar y tomo mis propias decisiones?».

Cambio de percepción de la realidad: Comprende que no tiene por qué aferrarse a personas ni creencias externas para caminar sin miedo por la vida, puesto que la seguridad que busca se encuentra dentro de sí mismo. Al ser cada vez más consciente, interioriza que el afán de sentirse seguro es precisamente lo que más inseguridad le genera. Liberado de su ego, abandona su miedo básico (afrontar situaciones adversas de forma imprevista y no estar capacitado para salir airoso por sí mismo) y empieza a confiar más en sí mismo y en la vida, aprovechando su valentía para tomar importantes decisiones sin que le invada la sombra de la duda.

Cualidad esencial: Al recuperar el contacto con el ser, reconecta con su cualidad esencial: el coraje, por medio del que se atreve a ser fiel a sí mismo, tomando decisiones movidas por su intuición y sus valores. Al empezar a fluir de manera natural y confiada, se vuelve más valiente para afrontar sin miedo los retos y las dificultades que van apareciendo por el camino. Comprende que ha de permanecer más en contacto consigo mismo sin reaccionar a sus ansiedades mentales, lo que le permite encontrar el apoyo que necesita en su interior. Así, deja de aferrarse a personas, directrices y creencias externas, y actúa de acuerdo a su orientación interior. La gran capacidad que tiene para prevenir amenazas futuras empieza a emplearla a fin de tomar las mejores decisiones en los momentos más oportunos. Descubre que es capaz de sobrevivir solo y compartir sus inquietudes sin miedo a que sean cuestionadas por los demás. Ya no teme lo que le traiga la vida y se siente más libre para vivir el momento presente sin pensar tanto en las consecuencias. Al abandonar conscientemente sus estrategias egocéntricas, se cumple su deseo básico: se convierte en una persona fiel a sí misma, sin miedos ni preocupaciones, y cuya confianza y fe en la vida lo llevan a comprometerse con causas épicas y heroicas, que van más allá de su propia seguridad personal. Al ser plenamente consciente de todo ello, recupera la paz interior que había perdido mientras trataba egocéntricamente de sentirse seguro y apoyado por los demás.

Profesiones y sectores arquetípicos: Agentes de seguros, consultores especializados en cambio de cultura y valores empresariales, así como sectores como la seguridad, la vigilancia, las alarmas, la prevención de riesgos laborales, el *change management*, la religión...

Eneatipo 7

Identificado con el ego
EL QUE TEME SUFRIR

GLOTÓN, DISPERSO, EVASIVO,
INSACIABLE, HIPERACTIVO Y ACELERADO

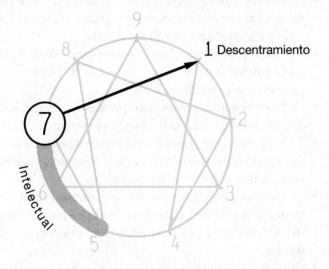

Breve descripción: Su problema es que no soporta contactar con el vacío existencial. Tiende a desarrollar una personalidad divertida, alegre y positiva, utilizando el sentido del humor como mecanismo de defensa. No escucha a los demás porque no se escucha a sí mismo. Suele ser hiperactivo y hedonista, obsesionándose con la búsqueda de placer en el corto plazo como antídoto para sepultar su aburrimiento crónico. Vive en el futuro, es muy disperso y le cuesta mucho estar presente y concentrarse. Es experto en huir del dolor y parchear el malestar por medio del ruido, la adicción, los planes, la evasión o el entretenimiento. Siempre quiere más y nunca se siente del todo satisfecho.

Herida de nacimiento: Sensación de vacío e insatisfacción.

Patrones de conducta inconscientes del ego:

- Suele sonreír y entusiasmar a los demás con su alegre forma de ser; utiliza el sentido del humor como mecanismo de defensa.
- Intenta llenar el vacío que percibe en su interior con personas y experiencias placenteras y gratificantes; es hiperactivo y le cuesta mucho estarse quieto.
- Su mente no deja de parlotear; a veces puede llegar a pensar en muchas cosas al mismo tiempo, de ahí que le cueste concentrarse y escuchar a los demás.
- Da la impresión de sentirse siempre alegre y feliz, cuando en realidad acumula mucho dolor en su interior.
- Trata de mantener la mente ocupada en cosas agradables y placenteras para no pensar en nada doloroso y negativo; no suele profundizar por miedo a sufrir.
- Le incomoda estar solo y en silencio, pues entra en contacto con la ansiedad, el vacío y el malestar que residen en su interior; tiende a volverse adicto al placer para escapar del dolor.
- Cree que es responsable de inyectar energía y entusiasmo en cada situación.
- Se distrae con facilidad y se dispersa demasiado; piensa que algo mejor está sucediendo en otra parte.
- Considera que disfrutar de la vida significa saciar los placeres que ésta le ofrece; su espíritu aventurero le lleva a querer experimentarlo absolutamente todo.
- Constantemente está haciendo planes para que el futuro sea mejor que el presente; tiene una «agenda mental» en su interior.

- Se suele aburrir cuando no encuentra suficientes estímulos en el ambiente; frente al aburrimiento, suele preguntar «¿Qué hacemos?».
- Padece «el síndrome de Peter Pan»; se resiste a madurar y a comprometerse con sus responsabilidades por miedo a que su vida se vuelva monótona y aburrida.

Recuerdos de la infancia: Asocia su infancia con el sentimiento de haber sido desatendido prematuramente por sus padres. E incluso recuerda haber aprendido que, para sentirse seguro y confiado, debía rodearse de juguetes, experiencias y personas estimulantes y gratificantes. Así, poco a poco interiorizó que no estaba bien sentir dolor ni estar triste.

Miedo y deseo inconscientes: Su miedo más profundo es verse despojado de todo, quedarse sin nada, así como sentir dolor y sufrimiento. Teme conectar con su ansiedad y su vacío interiores. Su deseo más inconsciente, por otro lado, es sentirse feliz en todo momento, cosa que lo lleva a convertirse en una persona obsesionada por obtener placer de forma inmediata.

Marisa solía estar siempre con gente, disfrutando de planes entretenidos y gratificantes para evitar estar a solas consigo misma y entrar en contacto con ciertos malestares que a veces sentía en su interior. Recuerda que el peor momento del día se daba al acostarse: solía dormir con la televisión puesta o escuchaba música para que no le incomodara el silencio.

Vocecita egoica: Le suele recordar que seguramente en otra parte, haciendo cualquier otra cosa, se sienta mucho mejor de cómo se está sintiendo ahora.

Visión subjetiva y distorsionada del mundo: El mundo está lleno de oportunidades para escapar de su dolorosa realidad interna; por tanto, mira obsesivamente hacia el futuro.

Natalia solía inquietarse cuando alguna situación no lograba distraerla o excitarla lo suficiente. Necesitaba siempre estímulos divertidos o gratificantes, si no, enseguida pensaba en algún otro plan que la hiciera sentirse mejor. Cuando iba a practicar surf y no había olas, en vez de sentarse y contemplar el horizonte, la ansiedad que anidaba en su interior la obligaba a movilizar a los demás para hacer alguna otra cosa. Así escapaba de su mayor temor: quedarse quieta «sin hacer nada», algo que la incomodaba profundamente.

Principal defecto: La gula, que le lleva a desear de forma insaciable vivir experiencias gratificantes y placenteras para parchear el dolor y huir de su vacío interior.

Otras emociones dominantes: Aburrimiento e insatisfacción.

Cristina llegó a tener planes montados para todos los fines de semana de un año entero. E, incluso, a veces tenía planes alternativos, en caso de que pudieran fallar los principales. Jamás se quedaba sin nada que hacer.

Cómo quiere ser visto por los demás: Quiere que los demás lo vean como una persona feliz y alegre, que disfruta plenamente de la vida.

Leticia solía presentarse con una sonrisa y se mostraba siempre alegre y entusiasmada. Cuando en alguna ocasión le pasaba algo dramático, de inmediato trataba de tomárselo con sentido del humor, restándole toda importancia. Así conseguía evitar el contacto con el dolor.

De qué huye: De situaciones o personas que le generen dolor, sufrimiento, malestar, negatividad y tristeza.

Oriol no solía hablar nunca en serio. Siempre estaba contando chistes y haciendo bromas, evitando a toda costa tomarse en serio la vida. Recuerda que, cuando su mejor amigo le explicó que esta-

ba sufriendo muchísimo a causa de un desengaño amoroso, empezó a reírse y le dijo que no había nada que no se solucionara con un par de rondas de cerveza. Con el tiempo, su amigo empezó a distanciarse, pues sentía que no podía contar con él para hablar sobre este tipo de asuntos.

Estilo de comunicación: Suele exagerar, divertir, alegrar, entusiasmar, frivolizar... Y lo hace de forma radiante y espontánea, captando el interés y la atención de los demás. Le encanta entretener y hacer reír, explicando divertidas anécdotas personales, sin llegar a abordar asuntos negativos o dolorosos sobre sí mismo o sobre otros. Suele sonreír, sobre todo al inicio y al final de las conversaciones. Gesticula mucho y es frecuente que ría.

Principal preocupación: Se interesa por planificar planes que le garanticen placer, entretenimiento y diversión, evitando constantemente entrar en contacto con la insatisfacción y el sufrimiento.

Señal de peligro: Creer que siempre hay algo mejor y más excitante en otra parte.

Gonzalo llegó a engordar quince kilos en tres meses. Comía mucho más de la cuenta para calmar su ansiedad interna, un malestar que también lo llevó a beber alcohol y abusar de varias drogas.

Cómo manipula a los demás: Fuerza a los demás, insistiendo en que se cumplan sus exigencias, sobre todo las relacionadas con el ocio, la diversión y el entretenimiento.

Jesús solía insistir e incluso exigir a sus amigos que lo acompañaran a la discoteca cuando en ocasiones éstos se mostraban sin demasiadas ganas o muy cansados para hacerlo. Llegó a salir de fiesta durante setenta y dos horas seguidas.

Algo que no suele tener en cuenta: Aunque es muy rápido mentalmente y puede funcionar en varios niveles al mismo tiempo, tal vez los demás quieran centrarse en un tema y comentarlo más en profundidad antes de pasar a otro.

Actitud paradójica e insana: Después de vivir un período de estrés y temiendo que se cumpla su miedo básico (verse despojado de todo, quedarse sin nada, así como sentir dolor y sufrimiento), suele hacer que los demás se sientan mal consigo mismos, tachándolos de «serios y aburridos».

Trastorno de personalidad: Déficit de atención con hiperactividad (TDAH).

Descentramiento: Finalmente, después de identificarse plenamente con el ego y sufrir las consecuencias propias de su eneatipo, termina por descentrarse y manifestar los rasgos más oscuros del eneatipo 1, como la ira, la crítica, la exigencia y la queja. (Para más información, ir a la página 63.)

Punto de inflexión: Darse cuenta de que dedica demasiado tiempo y energía a buscar experiencias gratificantes para huir del miedo al dolor y el sufrimiento que habitan en su realidad interior. Y tomar consciencia de las consecuencias que le está suponiendo planear constantemente todo tipo de actividades emocionantes. Si llega a la conclusión de que su verdadero ser no es el de necesitar estímulos externos para sentirse satisfecho, estará dando sus primeros pasos para encontrar su sobriedad interior.

Eneatipo 7

Conectado con el ser
SOBRIEDAD

ALEGRE, FELIZ, DIVERTIDO,
PRESENTE, AGRADECIDO Y ABUNDANTE

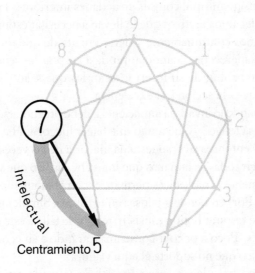

Intelectual
Centramiento 5

Centramiento: Para desidentificarse del ego le conviene centrarse y poner en práctica los rasgos más luminosos del eneatipo 5, como la curiosidad, la comprensión, la objetividad y la sabiduría. (Para más información, ir a la página 143.)

Prácticas que contribuyen a reconectar con el ser:
- No tener miedo a sufrir ni a sentir dolor. Al experimentar estas sensaciones, que a priori percibe como negativas, puede llegar a aprender mucho acerca de su propia con-

dición humana. Y no sólo eso: una vez haya superado esos momentos, sentirá que su alegría es todavía más real y significativa. Además, si huye de lo primero, se está condenando a no alcanzar lo segundo.

- Cuando esté incómodo al no hacer nada y comience a sentirse aburrido, debe preguntarse: «¿De qué estoy tratando de huir?». Seguramente ya sabe que suele escapar de esos momentos por medio de la planificación mental, pero así sólo consigue retrasar lo inevitable: el encuentro consigo mismo, con sus ansiedades interiores. Tiene que indagar los motivos que lo llevan a necesitar estímulos externos continuamente y darse cuenta de que todos ellos desaparecerán cuando aprenda a aceptar las sensaciones que brotan de su interior, sean las que sean. No hacer nada es la acción por excelencia.

- Cuando lo invada la impaciencia, debe preguntarse: «¿Qué prisa tengo? ¿Qué tengo que hacer luego?». Ha de analizar entonces su respuesta: la mayoría de las veces, por no decir todas, estará más que injustificada. Lo que verdaderamente le molesta es permanecer en el momento presente. Por eso tiende a pensar en el futuro. Simplemente hay que respirar hondo e insistir: «¿Qué le falta a este momento?». Poco a poco irá desenmascarando a su ego. Él es el único que no soporta el aquí y ahora.

- Escuchar plenamente a los demás. Cuando esté conversando con otras personas, debe hacerse consciente de su necesidad de interrumpirlos y preguntarse: «¿Qué me están diciendo sobre lo que piensan y lo que sienten? ¿Los estoy escuchando con toda mi atención?». Puede que sea cierto que sepa cómo va a terminar la frase su interlocutor, pero ¡hay que dejarlo terminar! La paradoja es que cuanto más escuche, más le gustará escuchar.

- Descubrir el placer de lo cotidiano. La intensidad no es necesaria siempre. Además, enseguida agota las reservas de energía y, sin éstas, es caldo de cultivo para ser víctima de la inconsciencia y del ego. Tiene que mantener la atención y la percepción consciente cuando haga las tareas de la casa, cuando pasee, etc. Poco a poco descubrirá que la satisfacción verdadera procede del simple hecho de estar vivo.

- Si, al estar rodeado de personas, de pronto se hace un silencio y se siente responsable de inyectar energía por medio de alguna de sus divertidas anécdotas, debería preguntarse: «¿Por qué me asusta tanto el silencio? ¿Qué hay de malo en que no se diga nada?». Si permanece atento al desenlace de dicho momento, se dará cuenta de que seguramente otra persona reanudará la conversación. Ha de tratar de ser más consciente cuando forme parte de un grupo; así evitará su tendencia a hablar desmesuradamente, sin tener en cuenta a los demás.

- Buscar momentos de silencio, soledad y lectura. Leer es una actividad que puede ayudarle a conectar con su realidad interna, así como a calmar su frenética agenda, repleta de planes excitantes.

Gran aprendizaje vital: Sentirse verdaderamente feliz en el silencio y la quietud, sin necesidad de distracciones y estímulos externos.

Desafío psicológico: «¿Cómo voy a ser feliz si dejo de hacer planes y me permito sentir el vacío y el dolor que hay en mi interior?».

Cambio de percepción de la realidad: Comprende que no puede huir eternamente de su realidad interna, puesto que ésta va a estar presente el resto de su existencia. Al ser cada vez más consciente, interioriza que el afán de llenarse de experiencias emocionantes y gratificantes es precisamente lo que le impide disfrutar plenamente de la vida. Liberado de su ego, abandona su miedo básico (verse despojado de todo, quedarse sin nada, así como sentir dolor y sufrimiento) y empieza a relajarse y saborear con alegría y naturalidad los momentos de tranquilidad y quietud.

Cualidad esencial: Al recuperar el contacto con el ser, reconecta con su cualidad esencial: la sobriedad, por medio de la que se siente verdaderamente bien consigo mismo sin necesidad de estímulos externos gratificantes y placenteros. Al empezar a fluir de manera natural y tranquila, se vuelve más serio y profundo, conociendo y entendiendo el modo de calmar sus ansiedades interiores. Comprende que la felicidad que desea no la proporcionan las experiencias, personas o estímulos externos, sino que es fruto de su estabilidad y paz internas. Así, deja de ser adicto a los planes y distracciones excitantes y gratificantes, y cada vez se siente más a gusto estando a solas consigo mismo en el aquí y ahora. Descubre que la realidad contiene mucha más belleza de la que había imaginado y disfruta de todos los momentos que la vida le va deparando. Ya no tiene miedo a sentir su vacío interior y se siente más satisfecho en la calma que en la agitación. Al abandonar conscientemente sus estrategias egocéntricas, se cumple su deseo básico: se convierte en una persona alegre y profundamente agradecida de estar viva, una sensación que comparte de forma espontánea y serena con todas las personas que le rodean. Al ser plenamente consciente de todo ello, recupera la paz interior que había perdido mientras trataba egocéntricamente de evadirse para huir del dolor y el sufrimiento.

Profesiones y sectores arquetípicos: Humoristas, comediantes, payasos, animadores, chefs, barmans, guías turísticos, paracaidistas, surfistas, así como el turismo, la risoterapia, las agencias de viajes, las farmacéuticas, las fiestas, las discotecas, el entretenimiento, el alcohol, el tabaco, la droga, la gastronomía, la restauración y los deportes extremos.

El que quiere evitar el conflicto /
Proactividad
9

El que quiere
tener el control / 8
Inocencia

El que quiere ser
1 perfecto / Serenidad

El que
teme sufrir / 7
Sobriedad

El que necesita
2 amor / Humildad

El que teme
tomar decisiones / 6
Coraje

El que necesita
valoración /
3 Autenticidad

El que teme
expresar / 5
Desapego

El que necesita
4 atención /
Ecuanimidad

VIII

Cómo pasar de la teoría a la práctica

Si bien al principio de este libro te dije que ya has hecho lo más difícil —reconocer que necesitas un cambio—, ahora que estás terminándolo quiero informarte de que te toca hacer lo más importante: pasar de la teoría a la práctica. Y para ello, te propongo que cuando finalices la lectura de este libro te comprometas contigo mismo durante los próximos tres meses. Éste es el tiempo mínimo necesario para verificar el impacto tan positivo que tiene realizar el trabajo interior que te propone el Eneagrama. En este sentido y a modo de breve guía, te invito a que tengas en cuenta lo siguiente:

1. **Experimenta un orgasmo emocional.** Sigue investigando acerca del Eneagrama hasta que experimentes lo que denomino un «orgasmo emocional». Es decir, un eureka, una revelación, un clic, una toma de consciencia que te aseguro puede marcar un antes y un después en tu manera de comprenderte y relacionarte contigo mismo, con los demás y con la vida. Este orgasmo emocional deviene cuando dejas de autoengañarte y te atreves a reconocer y sentir el dolor inherente a la herida de nacimiento de tu eneatipo dominante. Es entonces cuando verificas empíricamente las motivaciones profundas e inconscientes que se encuentran detrás de tus conductas, actitudes y decisiones, así como de los resultados que estás cosechando en las diferentes dimensiones

de tu existencia. Descubrir tu eneatipo no es una cuestión intelectual o racional, sino que es una experiencia profundamente emocional y espiritual. Si ya has tenido tu orgasmo sabes perfectamente de lo que te estoy hablando. En caso contrario, no te conformes ni te hagas trampas al solitario. Sé verdaderamente honesto contigo mismo y el clic llegará.

2. **Sana tu herida de nacimiento.** Una vez sabes con certeza cuál es tu eneatipo principal, tu trabajo interior ha de centrarse en sanar tu herida de nacimiento. Por ejemplo, si tu eneatipo principal es el 1, tu trauma es la sensación de insuficiencia e imperfección. De ahí que cuando estás identificado con el ego te sientas imperfecto. Tu aprendizaje pasa por abrazar y aceptar tus imperfecciones, sin intentar cambiarlas. Para ello puedes reprogramar tu mente con afirmaciones como «Soy perfecto tal como soy» o «Me siento perfecto tal como soy», limpiando así tu subconsciente, tan lleno de ignorancia. También puedes tomar decisiones que impliquen que te sientes perfecto tal como eres, dejando de hacer aquellas cosas que solamente haces movido por la autoexigencia de tu juez interno. El día que el eneatipo 1 se siente perfecto tal como es se transforma. Es entonces cuando experimenta y manifiesta su cualidad esencial: la serenidad, desde la que su actitud frente a la vida cambia por completo.

3. **Haz consciente tu lado oscuro.** En paralelo, es importante que sigas profundizando acerca de tu sombra. Es decir, el ego de tu eneatipo principal, así como el ego del eneatipo al que te descentras. Por ejemplo, si tu eneatipo principal es el 2, sé consciente de tu personalidad orgullosa, salvadora, dependiente, aduladora, chantajeadora y entrometida. Date cuenta de cuándo, cómo, con quién y por qué aparecen estos rasgos tan oscuros. Estira del hilo que te lleva hacia dentro, en dirección a la herida de nacimiento. Y no solo eso. También indaga acerca del ego del eneatipo 8, que es hacia donde

te descentras cuando te empachas de los defectos de tu eneatipo principal. Se trata de la sombra de tu sombra, donde
descubrirás tu parte agresiva, dominante, autoritaria, beligerante, reactiva y vengativa. Es fundamental que compren-
das, aceptes, integres y estés verdaderamente en armonía
con tu lado oscuro; solo así podrás convertirlo en luz.

4. **Manifiesta tu parte luminosa.** A su vez, también es fundamental que sigas profundizando acerca de tu luz. Es decir, el
ser de tu eneatipo principal, así como el ser del eneatipo al
que te centras. Por ejemplo, si tu eneatipo principal es el 3,
sé consciente de que en tu interior albergas cualidades que
te hacen ser honesto, valioso, eficiente, resolutivo, admirable y *networker*. Al ser consciente y entrenar estos músculos
empezarás a manifestar tu lado más luminoso, sintiéndote
mucho más conectado y bien contigo mismo. También indaga acerca de la esencia del eneatipo 6, que te muestra el
camino hacia el centramiento y la transformación. Se trata
de la luz de tu luz, donde descubrirás tu parte valiente, leal,
noble, fiel, confiable y segura. Explorar estos atributos te
lleva a salir de tu zona de comodidad, dando tus primeros
pasos para convertirte en la mejor versión de ti mismo.

5. **Ten en cuenta las alas.** Por último, trabájate también la parte
egoica y esencial de tu ala dominante, pues tiene mucha influencia sobre tu eneatipo principal. Por ejemplo, si tu eneatipo dominante es el 5, puedes tener influencia del eneatipo 4,
del 6 o de ambos a la vez, pudiendo manifestar los rasgos oscuros y luminosos de estos dos eneatipos. Si bien el eneatipo 5
identificado con el ego tiende a ser distante, indiferente, aislado, cínico, hermético e hiperracional, en el caso de tener como
ala dominante el eneatipo 4, también puede ser algo dramático, egocéntrico, envidioso, desequilibrado, acomplejado y melancólico. En cambio, en el caso de tener como ala dominante

el eneatipo 6, también puedes ser algo miedoso, cobarde, dubitativo, preocupado, ansioso y pesimista. Por último, en el caso de tener dos alas dominantes, contarás con rasgos egoicos de ambos eneatipos. Así, durante estos tres meses, haz consciente dentro de ti el lado oscuro y luminoso de los eneatipos que están relacionados con tu eneatipo principal.

6. **Observa los resultados que cosechas.** A lo largo de los próximos tres meses, observa los resultados que vas cosechando en las diferentes áreas de tu vida. Y no lo dudes: cada vez que te perturbes, que sufras, que sientas miedo, tristeza o ira es que estás identificado con el ego. Y, por tanto, estás interpretando subjetiva y distorsionadamente la realidad neutra. Detrás de tus perturbaciones siempre se esconde miedo, dolor e ignorancia. Y detrás de éstos, tu herida de nacimiento, la cual pone de manifiesto que vives desconectado del ser. En la medida que vayas evolucionando en consciencia y sabiduría, poco a poco los resultados que cosechas irán cambiando. Lo sabrás porque te sentirás mejor contigo mismo y experimentarás salud, felicidad, bienestar, paz y amor. Y al ir cambiando tú, todo lo demás irá cambiando a su debido tiempo, verificando que eres cien por cien cocreador de tu vida.

7. **No seas turista; sé un verdadero viajero.** *Conocerse a uno mismo a través del Eneagrama* es como emprender un viaje, sólo que en este caso es hacia el interior. Y una cosa es ser turista y otra, muy distinta, ser un viajero de verdad. Dado que el desarrollo espiritual es una cuestión muy íntima, es fundamental que te conviertas en un auténtico buscador. Y para ello, te has de convertir en un aprendiz autodidacta, pues todo lo que necesitas para aprender a ser feliz está dentro de ti. De ahí que te anime de corazón a seguir este proceso de introspección por tu cuenta.

8. **Más información sobre el Eneagrama.** Por último, si te ha gustado este libro y quieres seguir profundizando en mi visión sobre esta apasionante herramienta, te recomiendo lo siguiente:

-Sígueme a través de mi *cuenta de Instagram*, donde semanalmente cuelgo posts relacionados con el Eneagrama, algunos de ellos en clave de humor, como los Eneagifs.

-Suscríbete a mi *canal de Youtube*, donde encontrarás muchos vídeos gratuitos sobre qué es y cómo funciona el Eneagrama, así como material concreto acerca de los nueve eneatipos.

-Haz mi *curso online* «Encantado de conocerme», a través del que descubrirás mucho más acerca de tu eneatipo desde el salón de tu casa, disfrutando de los contenidos de por vida. En este sentido y a modo de agradecimiento por la confianza que has depositado en mí al adquirir este libro, te hago un descuento del 50%. Para beneficiarte, solamente tienes que ir a mi web www.borjavilaseca.com, seguir los pasos de compra e introducir el cupón de descuento «GRATITUD50».

-Y en caso de que puedas desplazarte hasta Barcelona, Madrid, Valencia, Medellín, Buenos Aires o Ciudad de México, asiste a mi *curso presencial de fin de semana* «Encantado de conocerme», donde te garantizo que reirás a carcajadas, experimentarás un orgasmo emocional y terminarás el curso sabiendo cuál es tu eneatipo y qué hacer para transformarte.

Decidas lo que decidas, ojalá que este libro te haya inspirado para incorporar el valor del autoconocimiento como uno de los más importantes de tu vida. En los dos capítulos que siguen vamos a seguir profundizando en este apasionante viaje hacia nuestro interior. ¡Qué siga bien el viaje!

IX

El porqué del viaje interior

Todos queremos ser felices y dejar de sufrir, pero, para lograrlo, es necesario conocer y comprender cuál es nuestra verdadera naturaleza y ser coherentes con ella. Lo único que nos separa de ese maravilloso estado es el complejo proceso de nuestra mente. Debido a la agitación y al estrés a los que solemos estar sometidos, nos hemos olvidado de cuidar este refinado instrumento, que se ha vuelto deficiente y nos impide funcionar correctamente. Al estar tan descontrolada, tensa, dispersa y ansiosa, la mente nos mantiene esclavizados a sus constantes caprichos y deseos, que se materializan en forma de pensamientos egocéntricos.

Bajo su tiranía perdemos la plena consciencia de nosotros mismos y vivimos en el llamado «estado de vigilia», en el que funcionamos con el piloto automático. Y así, poco a poco nos convertimos en víctimas de nuestra propia ignorancia e inconsciencia, padeciendo las exigencias del ego, que damos por supuesto que es nuestra verdadera identidad. Y, en ese estado, malvivimos reaccionando impulsivamente a los estímulos externos, provocándonos todo tipo de emociones tóxicas y nocivas, que poco a poco envenenan y emponzoñan nuestro corazón.

La importancia del Eneagrama radica en que nos ayuda a conocer y comprender las consecuencias negativas de vivir condicionados bajo alguno de los nueve tipos de personalidad.

Porque es justamente esta percepción subjetiva y distorsionada de la realidad la que limita nuestra experiencia vital y, en última instancia, la que causa todo nuestro sufrimiento. Y no es para menos: en ese estado pretendemos que la realidad se ajuste a nuestros deseos y expectativas, una pretensión tan egocéntrica como ilusoria. La sabiduría consiste en aprender a aceptar nuestro destino; la ignorancia, en lamentarse, quejarse y hacernos víctimas de lo sucedido.

Pero hay que ser paciente con uno mismo y muy tolerante: el ego va a hacer todo lo posible por sobrevivir y va a tratar de apoderarse de nosotros una y otra vez. Ya sabemos cuán sutiles son sus estrategias y de qué manera nos tiraniza mediante el control de nuestra mente. A lo largo del proceso de transformación, la mayoría de personas que hemos asumido el compromiso de estar bien con nosotros mismos solemos encontrarnos con una misma dificultad: a pesar de conocer y comprender los comportamientos egocéntricos e impulsivos de nuestro eneatipo, muchas veces no somos capaces de trascenderlos y continuamos siendo víctimas de ellos. Llevamos tantos años viviendo en la inconsciencia de nosotros mismos, que al principio seguimos actuando por inercia.

En ocasiones llegamos a ser conscientes de nuestra inconsciencia, pero la falta de energía es la que nos impide dejar de reaccionar mecánicamente ante determinados estímulos externos. Y no es para menos: solemos dedicar entre ocho y once horas al día a ocupaciones laborales estresantes, y, cuando salimos a la calle, somos bombardeados por miles de anuncios publicitarios que acaparan nuestra atención. Además, apenas practicamos el silencio en nuestras vidas, con lo que la mente se convierte en un gran contenedor de imágenes, sonidos y demás experiencias, que se filtran diariamente a través de nuestros sentidos para terminar en algún oscuro rincón de nuestro inconsciente. Así, en el momento de la verdad, solemos decirnos a nosotros mismos que no tenemos tiempo o que estamos demasiado cansados para cultivar nuestro desarrollo personal. Pero son precisamente este tipo de excusas —o de autoengaños— las que nos mantienen esclavizados a nuestra mente y, por ende, a nuestra personalidad, ego o falso yo.

DE LA PSICOLOGÍA A LA ESPIRITUALIDAD

Lo increíble de este viaje psicológico es que nos abre las puertas del camino espiritual. Se trata de experimentar un cambio de paradigma, que nos lleva a centrar nuestra mirada en lo que sucede en nuestro interior —en la actitud que tomamos frente a lo que nos pasa—, que es precisamente lo único que sí depende por completo de nosotros. De esta manera tomamos consciencia de que nadie puede hacernos daño, pues la experiencia no es lo que nos pasa, sino la interpretación que hacemos de los hechos en sí. Así, nuestro bienestar o malestar internos es una consecuencia de cómo interpretamos lo que nos sucede. Una vez el acontecimiento ha tenido lugar, la respuesta emocional que adoptamos depende únicamente de nosotros. Conseguir que nada de lo que suceda altere nuestra paz y estabilidad internas, siendo dueños de nosotros mismos, es precisamente el objetivo del denominado «desarrollo espiritual».

Para lograr que las circunstancias no nos afecten negativamente es necesario reprogramar nuestra mente, que está llena de prejuicios y falsas creencias que nos condicionan en el momento de lidiar con las adversidades del día a día. Así, al igual que la salud es la ausencia de enfermedad, la felicidad y paz interiores son nuestra verdadera naturaleza, más allá del sufrimiento provocado por el ego. Por eso, si la interpretación del hecho que nos ha sucedido nos acarrea malestar es que actuamos movidos por la ignorancia. En cambio, si nos deja paz interior o nos trae armonía y satisfacción, no cabe duda de que actuamos movidos por la sabiduría.

Así, este cambio en la forma de percibir la realidad —pasando del victimismo a la responsabilidad— sienta sus bases sobre la conquista de la paz interior, a partir de la cual podemos llegar a ser conscientes de nosotros mismos y, en consecuencia, más sabios en el momento de interpretar lo que nos ocurre. Esta paz es la luz que nos permite ver la realidad de una manera más objetiva y neutra, y no como el ego nos la muestra: condicionada y subjetiva. Al vivir la experiencia de la paz interior, tomamos consciencia de que ningún hecho merece que la perdamos. Y nuestra vida se convierte en un continuo proceso de aprendizaje, en el que nos responsabilizamos totalmente de lo que vamos experimentando en nuestro interior, dejando de culpar a los demás y a nuestras circunstancias. Al darnos cuenta de lo que somos en esencia, podemos ir más allá del condicionamiento sociocultural recibido, abandonando la ruta considerada por la sociedad como «normal», para transitar por la senda «natural», en la que cada uno de nosotros nos convertimos en nuestro propio referente y guía.

Al reconectar con el ser, rompemos la cadena de combatir el ego con más ego y verificamos que todo lo que le damos a la vida tarde o temprano nos es devuelto. También comprendemos que lo que nos sucede es justamente lo que necesitamos para nuestro propio desarrollo como seres humanos, que estamos aprendiendo a ser felices por nosotros mismos, y a aceptar y amar a los demás tal como son. Así, comprobamos que no hay «yo» ni «tú» ni «ellos»: tan sólo existe un infinito «nosotros», que nos lleva a amar a los demás como a nosotros mismos. No en vano, bajo las etiquetas superficiales del ego, todos somos uno, todos somos lo mismo.

Apoyados y sustentados por el ser, jamás volvemos a sentirnos solos y comenzamos a tener fe en la vida, una confianza que nada tiene que ver con las creencias, sino que surge como consecuencia de nuestra propia experiencia. Entonces dejamos de querer cambiar la realidad para aceptarla por completo, lo cual no quiere decir que abandonemos nuestra actividad creadora. Así, disfrutamos de la vida como un regalo y convertimos nuestra existencia en un camino creativo, lleno de amor, compasión y perdón hacia todos aquellos que todavía siguen luchando y sufriendo por estar identificados con el ego.

LA FILOSOFÍA PERENNE

Y esto no es nada nuevo. Se viene diciendo desde hace más de tres mil años: es la llamada «filosofía perenne». De hecho, las enseñanzas de grandes maestros como Buda, Lao Tsé, Jesús de Nazaret o Sócrates, así como la filosofía del pueblo esenio, del hinduismo, del sufismo, del taoísmo, del yoga y del zen, entre otras, se refieren a lo mismo, aunque cada una explicándolo a su manera, acorde al condicionamiento sociocultural de su época: la finalidad última de la existencia humana —que es la que nos proporciona la paz y felicidad que todos estamos buscando— consiste en trascender la personalidad, ego o falso yo, de modo que recuperemos el contacto con el ser, esencia o yo verdadero. Y para ello es imprescindible silenciar y serenar el proceso de nuestra mente y hacernos dueños de nuestros pensamientos.

Sólo así podemos llegar a dar el último paso evolutivo, siendo plenamente conscientes de nosotros mismos y de nuestra relación con la realidad de la que todos formamos parte. Ser conscientes de nuestra conciencia quiere decir convertirnos en observadores de nosotros mismos, de forma que podamos salvaguardar nuestra paz interior como guardianes protectores: los sucesos externos ocurren y no podemos controlarlos, pero, por medio de esta atención plena, tenemos la posibilidad de escoger entre dejarnos llevar por nuestros patrones de conducta reactivos e inconscientes —que tanto nos condicionan y limitan— o aceptar todo lo que nos ocurre, una actitud que nos garantiza mantener la paz en nuestro interior. Además, aquello que no aceptamos se repite una y otra vez hasta que comprendemos que la aceptación es lo que nos libera finalmente del sufrimiento. La aceptación no implica estar de acuerdo, conformarse, resignarse o someterse: aceptar quiere decir comprender a partir del ser, dejando de reaccionar, juzgar, luchar y entrar en conflicto desde el ego.

No podemos evitar que de pronto alguien nos empuje o nos insulte, pero sí podemos controlar nuestra reacción. Una vez nos han empujado o insultado, ¿de qué nos sirve reaccionar? De nada. No solamente porque todos los seres humanos lo hacen lo mejor que pueden con la información que tienen —con lo que están en su derecho de cometer errores para aprender—, sino porque el único que reacciona es el ego, que se siente humillado y herido. Además, las personas que potencialmente más pueden hacernos sufrir son precisamente las que peor están consigo mismas. De ahí la importancia de cultivar la compasión, es decir, la capacidad de comprender las motivaciones de los demás, especialmente cuando están siendo víctimas del ego.

Nuestra esencia, por otro lado, acepta el hecho porque sabe que ésta es la única manera de ser dueño de nuestra paz y felicidad: lo que les hacemos a los demás nos lo hacemos a nosotros mismos. Si nos enfadamos o gritamos a la persona que nos ha empujado o gritado, primeramente nos hacemos daño a nosotros mismos mediante los pensamientos y emociones tóxicas que generamos en nuestro interior. Y seguramente sólo consigamos desencadenar un conflicto tan innecesario como carente de sentido. Una vez desidentificados del ego, caemos en la cuenta de que todos somos lo mismo. Por eso, igual que la flor exhala su aroma cuando recibe agua y luz, el ser humano irradia amor cuando toma consciencia de sí mismo y de su íntima relación con la existencia. A diferencia de la flor, los seres humanos tenemos la capacidad de cuidarnos lo mejor posible para influir positivamente en nuestro desarrollo, en nuestra evolución de la consciencia. Y no se trata de obsesionarse por alcanzar ningún nivel en concreto —significaría hallarse bajo la tiranía del llamado «ego espiritual»—, sino de disfrutar dando pasos conscientemente. Caminar por la senda espiritual es la meta.

A esta trascendencia, o estado de consciencia, se la ha denominado de muchas maneras —«nirvana», «Tao», «Reino de Dios...»—, pero se trata de una experiencia que va más allá de la lógica, de la razón y el intelecto y, por tanto, de la banalización en la que caemos al tratar de etiquetarlo o pronunciarlo con meras palabras. Y no se produce después de la muerte, sino aquí y ahora, en el momento presente, el único que existe en realidad. El «cielo» y el «infierno» son metáforas de la felicidad y el sufrimiento, que sólo pueden ser experimentadas en nuestro interior. Sin embargo, los gestores de las religiones que se organizaron a partir de las enseñanzas de los grandes sabios y maestros de la humanidad no han hecho más que confundir y dividir a sus seguidores, creando a partir del ego dioses a imagen y semejanza de los hombres. La verdadera espiritualidad no puede imponerse desde fuera. Se trata de un proceso individual que aflora desde el interior. Y no es posible *comprenderla* hasta que se haya experimentado, así como tampoco es posible *experimentarla* hasta que se haya comprendido. Frente a esta paradoja, lo recomendable es mantener una postura abierta y humilde, basada en el reconocimiento de que todavía no se sabe, pero que se quiere aprender. Lo cierto es que el verdadero escéptico es el que explora lo que desconoce hasta que vive la experiencia por sí mismo.

De ahí la importancia de que no nos creamos nada de lo que se nos dice, incluyendo, por supuesto, la información detallada en este libro. La experiencia personal es lo único que nos libera. La verdad es todo lo que nos llena el corazón de amor, paz y armonía. Todo lo demás son mentiras creadas por nuestra mente egoica, ignorante, inconsciente y enferma. Si queremos saber cuál es la mejor actitud que podemos tomar en cada momento, tan sólo hemos de responder con nuestras palabras y acciones a la siguiente pregunta: «¿Qué haría el Amor frente a esta situación?».

X

Transformarse a través del pensamiento

Descubrir cuál es nuestro eneatipo es un gran primer paso en el camino del autoconocimiento. El texto que sigue profundiza sobre cómo gestionar nuestro desarrollo espiritual para trascender el ego y recuperar así el contacto con el ser.

No hay más remedio que cambiar(nos)

El cambio y la evolución son lo único que perduran con el paso del tiempo. Tan sólo hay que echar un vistazo a la historia de la humanidad para saber que esta afirmación nos incluye a cada uno de nosotros, lo queramos ver o no. Pero más allá de las continuas modificaciones externas y superficiales, promovidas de forma interesada por el condicionamiento socio-comercial imperante, cada vez más seres humanos sentimos la necesidad de transformar conscientemente nuestro interior. Para conseguirlo, hemos de conocer y comprender cómo funciona nuestra mente y saber de qué manera podemos hacer un uso adecuado de nuestros pensamientos.

Y no es para menos: a pesar de las creencias limitadoras impuestas desde afuera —que nos dicen lo que tenemos que ser, hacer y poseer para lograr el bienestar—, la innegable experiencia del malestar nos lleva a cuestionar dichas directrices para encontrar nuestro propio camino en la vida. Al producirse una saturación de este conflicto, angustia e insatisfacción interiores —también denominado «vacío existencial»—, es cuando empezamos a abrir nuestra mente en busca de nueva información. E intuimos, con toda lógica, que ésta nos llevará a mirar hacia dentro.

A esto se refería el escritor Hermann Hesse cuando afirmó que «la verdadera profesión del hombre es encontrar el camino hacia sí mismo». Más que nada porque a través de la inmersión en nuestra realidad interna, poco a poco nos damos cuenta de que ahí se encuentra todo lo que necesitamos para poner fin a nuestro sufrimiento y alcanzar así la plenitud que tanto anhelamos. Porque, ¿de qué sirven los triunfos externos si no sentimos alegría en nuestro corazón? ¿Qué valor tiene que la sociedad nos aplauda si no nos sentimos bien con nosotros mismos? Más allá del autoengaño, sabemos de primera mano que sin paz ni equilibrio nada de lo que hagamos en la vida será sostenible y carecerá por completo de sentido.

Debido a nuestro profundo temor al cambio, no solemos desarrollar este tipo de curiosidad existencial hasta bien entrados unos años. Pero tarde o temprano llega un día en que esta transformación deja de ser una opción para convertirse en una necesidad vital. Al principio, este viaje hacia dentro no es fácil, pues nos confronta con nuestros miedos, carencias, defectos, mentiras, vergüenzas e inseguridades, es decir, con nuestra ignorancia e inconsciencia.

Y lo cierto es que muchos prefieren seguir perdiéndose en su realidad externa, tratando inútilmente de llenar el vacío que experimentan en sus entrañas mientras fingen en el gran teatro de la sociedad que «todo va bien». Otros se refugian en su profesión, a la que dedican todas sus horas y energía para no enfrentarse a sus conflictos emocionales. E incluso hay algunos que terminan aferrándose al cinismo, una máscara que oculta sus frustraciones personales y bajo la que intentan aliviar el profundo dolor que les causa la vida.

Pero la evasión y la narcotización no funcionan en el medio y largo plazo. Escapar de uno mismo es el problema, no la solución. Más que nada porque el vacío existencial no se llena, sino que se aprende a aceptarlo hasta que desaparece. Y esto sólo se consigue haciéndole frente a nuestra estructura mental, de modo que podamos dirigir de forma consciente nuestros pensamientos. En esto consiste precisamente ser dueño de uno mismo: en dejar de vivir con el piloto automático, que nos lleva a pensar y reaccionar de manera mecánica e inconsciente.

Lo curioso, y también paradójico, es que para aquellos que hemos decidido que no necesitamos sufrir más, este cambio de paradigma —de perderse afuera a encontrarse dentro— acaba convirtiéndose en una auténtica filosofía de vida. En ese instante, rompemos la carcasa de ignorancia que nos hacía creer que lo sabíamos todo con respecto a nosotros mismos y a nuestra existencia, abandonando la falsa idea de que no tenemos nada más que aprender.

En el fondo, esta actitud orgullosa y prepotente nos estaba condenando a malvivir esclavizados por nuestra propia mente. Por eso se trata de un punto de inflexión muy importante: al abandonar la denominada «autoestima del sabelotodo», por la que basábamos nuestro valor como personas en contar siempre con las respuestas correctas, dejamos de ponernos a la defensiva cada vez que escuchamos información nueva y desconocida.

En cambio, en el acto de humildad que implica afirmar «yo no sé» se encuentra el inicio de la autotransformación, lo que supone una auténtica revolución interior. Al basar nuestra autoestima en querer aprender, nos convertimos en verdaderos escépticos, explorando personalmente lo que desconocemos para descubrir lo que no sabemos. Esta nueva actitud, mucho más receptiva y tolerante, es la que permite que nos abramos a diferentes y más profundas teorías y prácticas relacionadas con el maravilloso aforismo «conócete a ti mismo», cuyo origen se remonta más allá del siglo VI a. C., siendo más veterano que la historia misma de la filosofía.

Este apasionante viaje hacia lo más hondo de nosotros mismos está lleno de misterio e incertidumbre. Y nos lleva a traspasar fronteras que la sociedad no sólo rechaza frontalmente por su total y absoluto desconocimiento, sino que llega a ridiculizar e incluso a oponerse de forma agresiva. Por eso solemos recorrer este camino en soledad, compartiéndolo con aquellas pocas personas que van en nuestra misma dirección. Entonces, y no antes, asumimos el compromiso por nuestro autoconocimiento y desarrollo personal, a partir de los cuales tomamos consciencia del increíble potencial que reside en el interior de cada ser humano.

Ahora bien, al tratarse de un asunto tan íntimo y delicado —estamos hablando de la conquista de la felicidad—, hemos de alejarnos de cualquier tipo de creencias —ya nos han vendido suficientes— para comenzar a comprobar el conocimiento que vamos recibiendo a través de los resultados que obtenemos. Sin ir más lejos, el concepto de «felicidad» suele confundirse con emociones como el «placer» y la «satisfacción» de conseguir aquello que deseamos, sean personas, cosas, situaciones y demás metas externas. Pero alcanzar este tipo de «triunfos» no implica sentirse verdaderamente feliz por dentro, es decir, experimentar una profunda y duradera paz interior.

Para no caer en estos malentendidos lingüísticos en la medida en que podamos, hemos de verificar la información que se nos detalla a través de nuestra propia vivencia, incluyendo, por supuesto, el contenido de este texto. Así, dado que nuestra experiencia interior goza de una fiabilidad del cien por cien, ésa debe ser nuestra primera y última referencia. Sólo así es posible conocer y comprender la verdad que nos libera del sufrimiento y que nos lleva a disfrutar de una vida personal y profesional consciente, amorosa, equilibrada, creativa y llena de sentido.

La evolución de la consciencia de cada vez más seres humanos, que empiezan a comprender que su bienestar interno es la base de cualquier vivencia externa equilibrada y satisfactoria, ha provocado la aparición y profesionalización del *coaching*. Aunque no existen maestros —todo lo que interiorizamos en la vida lo aprehendemos a través de nuestra propia experiencia—, los *coachs* pueden llegar a convertirse en espejos donde los demás nos veamos reflejados.

Así, no sería descabellado afirmar que Sócrates (470 a. C.-399 a. C.), mediante su método mayéutico, fue uno de los primeros *coachs* que han pasado a la posteridad. Su filosofía era simple; su impacto, muy profundo. Se dedicaba a hacer las preguntas pertinentes en el momento oportuno, permitiendo que su interlocutor descubriera la solución que estaba buscando por sí mismo.

Para alcanzar este grado de maestría sobre la condición humana —tan necesario para trascender el conflicto, el malestar y la negatividad e imprescindible para ser un buen *coach*—, debemos contar con la comprensión suficiente para disfrutar de una vida plena. Es decir, que antes de «trabajar» sobre los demás, primero hemos de haber «trabajado» sobre nosotros mismos. Y es que, como dijo el escritor Lev Tolstói: «Todos quieren cambiar el mundo, pero nadie quiere cambiarse a sí mismo». Ése es el riesgo de aventurarse a ejercer de *coach*, una función muy exigente, pues implica haber encontrado lo que gran parte de la humanidad siente que le falta.

Si no nos transformamos a nosotros mismos primero, aprehendiendo la sabiduría que nos libera del sufrimiento y nos aporta paz interior, nuestro espejo no estará lo suficientemente limpio para que los demás vean las causas de su malestar reflejadas de forma nítida. Así, no basta con adquirir conocimiento; para enseñar es necesario encarnar lo que se sabe. Si no hay coherencia entre la teoría y la práctica es que todavía no *comprehendemos* la información que conocemos. Por tanto, lo que hemos logrado con nosotros mismos, es decir, lo que se manifiesta en nuestras propias vidas, es lo único que podemos ofrecer a los demás.

Entonces ¿cómo sabemos si somos aptos para ejercer esta profesión? ¿Cómo sabemos si *comprehendemos* lo que conocemos? Observando los resultados que obtenemos en nuestro día a día. Y para ello, tenemos que ser sinceros con nosotros mismos; si no, estaremos engañando a los demás. En palabras del filósofo Gerardo Schmedling, «hemos de verificar si nos sentimos felices, es decir, que nada de lo que nos ocurre nos lleva a perder la alegría y caer en las garras del sufrimiento». Como consecuencia, «también hemos de percibir paz en nuestro interior, lo que nos permite dejar de reaccionar impulsivamente, manteniendo siempre la serenidad». Por último, «si verdaderamente gozamos de este equilibrio interno, mantendremos en todo momento la humildad necesaria para servir amorosamente a las personas que nos rodean».

A partir de estas tres virtudes internas, Schmedling describe otros cuatro resultados externos: «Un óptimo estado de nuestra salud física; la armonía de todas nuestras relaciones personales y profesionales; disfrutar de recursos económicos más que suficientes y la flexibilidad necesaria para adaptarnos y fluir en el lugar donde vivimos y trabajamos». Si gozamos de un satisfactorio equilibrio en cada una de estas áreas, sabremos que realmente hemos alcanzado la maestría en el arte de vivir, con lo que tendremos mucho que ofrecer a quienes estén interesados en recibir.

LA VIDA COMO APRENDIZAJE

Las personas interesadas en el autoconocimiento y el desarrollo espiritual, tanto para ejercerlo como para recibirlo, suelen llegar a una misma conclusión: que cada vida humana es un proceso pedagógico y evolutivo que se materializa a través del aprendizaje, lo que coloquialmente se viene llamando «destino». Pero ¿qué venimos a aprender? A ser felices por nosotros mismos para aceptar y amar a los demás tal como son y a las cosas que suceden tal como vienen.

Más que nada porque una de las grandes falacias de nuestro tiempo, que forma parte de nuestra compleja programación mental, es que nuestra felicidad depende de algo externo. Esta mentira es precisamente la que nos lleva a apegarnos a personas, objetos y demás situaciones que creemos que van a generarnos dicho estado interno, privándonos así de nuestra libertad e independencia emocional.

Pero la felicidad no tiene ninguna causa; más bien es una consecuencia. Se trata de la paz que emerge desde nuestras profundidades cuando eliminamos todas las obstrucciones de nuestra mente, como el deseo, el odio, la ira, la ansiedad, la soberbia, la vanidad, el rencor, la envidia, la preocupación, el apego, la avaricia, el resentimiento, la culpa, la tristeza, la expectativa, el miedo, etc. Todos estos vicios y necedades son los que contaminan nuestra manera de pensar y, en consecuencia, de sentir, lo que en última instancia genera lo que experimentamos en nuestro interior.

La aceptación y el amor hacia los demás, por otra parte, implican una profunda comprensión de las leyes que rigen nuestra existencia. Más allá de nuestras creencias egocéntricas, que pretenden que la realidad se adapte a nuestros deseos y necesidades personales, existe un orden perfecto de todos los acontecimientos que suceden en nuestra experiencia vital. Tan sólo hemos de contemplar serenamente los procesos que forman parte de la naturaleza para darnos cuenta.

¿Acaso no sale el sol cada amanecer y desaparece cada atardecer, cumpliendo un ciclo tan exacto como necesario? ¿Acaso no hemos adaptado toda nuestra vida a este gran acontecimiento natural? Pues aunque nos cueste comprenderlo, el resto de los pequeños eventos —todo lo que nos sucede cada día en las diferentes dimensiones de nuestra vida— responde a un mismo propósito, con lo que si queremos dejar de sufrir no nos queda más remedio que adaptarnos a ellos. A esta actitud flexible se le llama comúnmente «fluir».

Lo cierto es que absolutamente todo lo creado está en un permanente estado de evolución, incluyendo la especie humana, que parece ser la única empeñada en rebelarse frente a este orden natural superior. Y, para que estos cambios se materialicen, es imprescindible que ocurran ciertos hechos o acontecimientos, los cuales pueden ser vistos como problemas o como oportunidades de aprendizaje. Para la naturaleza nada ocurre en balde: todo es necesario.

Extrapolando este proceso natural a la vida de cualquiera de nosotros, nos damos cuenta de que todo lo que nos sucede es justamente lo que necesitamos para aprender a vivir en armonía, alineándonos con las leyes que rigen nuestra existencia. De hecho, aquello que se va repitiendo una y otra vez en nuestra vida personal y profesional indica que todavía no hemos interiorizado el aprendizaje inherente a la experiencia. No en vano, la resistencia de nuestra mente frente a lo que sucede implica la aparición del sufrimiento, que cumple la función de hacernos conscientes de que nos hemos equivocado.

Así, ante cualquier situación que la vida nos ponga en nuestro camino, en vez de reaccionar impulsivamente ante ella —etiquetándola como «buena» o «mala»—, tan sólo hemos de recordar que es necesaria para nuestro proceso de aprendizaje. Esta interpretación, bastante más objetiva que la peligrosa subjetividad con la que solemos filtrar la realidad, nos permitirá vivir con mayor fluidez, sabiendo aprovechar todo lo que nos sucede para el desarrollo de nuestra consciencia. No en vano, cuanto más conscientes seamos de nosotros mismos, mayor será la posibilidad de tomar la actitud que más nos convenga en todo momento. Como afirmó el filósofo Séneca (4 a. C.-65 d. C.), «La adversidad es ocasión de virtud».

REALIDAD E INTERPRETACIÓN DE LA REALIDAD

No vemos el mundo como es, sino como somos nosotros. No vemos a los demás como son, sino como somos nosotros. Las etiquetas que ponemos sobre el mundo y sobre los demás siempre dependen de nosotros, los observadores. Debido al modelo mental que hemos ido desarrollando desde nuestra infancia, todos los seres humanos filtramos la realidad a través de nuestra percepción subjetiva. Por tanto, en última instancia lo que vemos es una consecuencia de lo que pensamos y creemos, es decir, del condicionamiento acumulado por el ego.

Ya lo afirmó el escritor Aldous Huxley (1894-1963), para quien «la experiencia no es lo que nos pasa, sino la interpretación de lo que nos pasa». Así, si la realidad es lo que sucede en cada instante —«lo que es» aquí y ahora—, para nosotros es lo que interpretamos sobre «eso» que está sucediendo. De ahí que ante un mismo hecho siempre se den tantas versiones como personas lo hayan observado. El conflicto aparece cuando uno de estos observadores —al estar muy identificado con el ego— cree que su interpretación subjetiva de la realidad es la verdad objetiva, con lo que comienza a luchar para imponerla sobre los demás.

Sin embargo, esto sólo sucede cuando somos víctimas de nuestra inconsciencia, desconociendo por completo que todo lo que pensamos y creemos es fruto de nuestro modelo mental condicionado y subjetivo. Y esta inconsciencia es precisamente la que nos hace creer que podemos cambiar la realidad externa para adecuarla a nuestros deseos y necesidades egocéntricos. En palabras de Schmedling, «lo único que sí podemos cambiar es la interpretación que hacemos de los acontecimientos en sí, conociendo y comprendiendo cómo funciona nuestra mente». Así, «si nuestra interpretación del hecho nos reporta sufrimiento es que actuamos desde la ignorancia; si nos deja paz interior o nos trae armonía y satisfacción no cabe duda de que actuamos desde la sabiduría».

Al sopesarlo detenidamente, nos damos cuenta de que nuestra experiencia interior viene determinada por la identificación mental que hacemos con las etiquetas que vamos poniendo sobre todo aquello que nos va sucediendo: bueno/malo; bonito/feo; verdad/mentira; correcto/incorrecto; agradable/desagradable; aceptable/inaceptable, etc. Pero más allá de estas etiquetas opuestas, que son totalmente subjetivas, la realidad es neutra: todo lo que sucede forma parte de un orden natural superior demasiado vasto para nuestro entendimiento. Eso sí, como ya sabemos que es totalmente necesario para nuestro aprendizaje, el proceso superficial de etiquetaje se convierte en algo limitante e inútil.

En este sentido, hemos de diferenciar lo que sucede en el mundo de lo que nos sucede a nosotros en el lugar donde estamos presentes. Debido a las nuevas tecnologías, recibimos constantemente información sobre lo que ocurre en diferentes partes del planeta. Sin embargo, volvemos a lo mismo: las realidades que aparecen en los informativos no son objetivas, sino que están filtradas a través del ojo subjetivo de los periodistas. Hoy por hoy, dada la necesidad de sensacionalismo —alineado con el carácter violento y negativo del ego humano— la inmensa mayoría de las noticias informativas van encaminadas a saciar nuestros más bajos instintos.

Pero lo que nos venden como «realidad» no sólo responde a una interpretación interesada y subjetiva, sino que también es parcial, pues no nos enseñan lo que podríamos etiquetar como «bello, alegre y positivo» de nuestro mundo. Y dada la facilidad con la que se contamina nuestra mente, las imágenes que aparecen en nuestro televisor se almacenan en algún oscuro rincón de nuestro inconsciente, influyendo así en nuestra manera de pensar y de percibir la realidad.

Por eso, para aquellos que nos hemos comprometido con nuestro autoconocimiento y desarrollo personal, lo importante es centrarnos en nuestra realidad, es decir, en lo que sucede donde podemos actuar en el momento presente. Aunque muchos suelen decir que esto es evadirse de lo que suelen llamar «la realidad», lo paradójico es que si nos dejamos engañar por nuestra mente, preocupándonos por personas, cosas o situaciones que no forman parte de nuestro «aquí y ahora», entonces sí que estaremos evadiéndonos de verdad, centrándonos en algo externo que no depende de nosotros para evitar enfrentarnos a nuestra propia transformación interior, la cual sí está a nuestro alcance. Como afirmó el filósofo Epícteto: «Concededme la serenidad para aceptar aquello que no puedo cambiar [realidad externa o círculo de preocupación], el coraje para cambiar lo que sí puedo [realidad interna o círculo de influencia] y la sabiduría para establecer la diferencia».

CÓMO SE FORMA NUESTRA PERSONALIDAD

Llegados a este punto, concluimos que la mente es lo único que nos separa de vivir conectados a la realidad, impidiéndonos fluir en armonía con lo que sucede en cada momento. Como hemos visto, si hoy por hoy seguimos sufriendo, experimentando angustia, tristeza, soledad, ansiedad, vacío, etc., es que nuestra mente sigue contaminada y enferma. Para lograr sanarla —de manera que podamos manejarla adecuadamente— lo principal es ser conscientes de la estructura mental que hemos desarrollado desde la infancia. De ahí la utilidad y eficacia del Eneagrama.

Es decir, hemos de saber cuáles son las creencias que gobiernan inconscientemente nuestra vida; qué nos mueve a ser cómo somos; cuáles son nuestros patrones de conducta automáticos e impulsivos; de qué tenemos miedo; cuál es nuestro mayor deseo; cómo queremos que nos vean los demás; cuál es nuestra visión general y subjetiva del mundo, etc. En definitiva, hemos de comprender de qué manera nos esclaviza nuestro modelo mental —manifestado a través del ego o personalidad— para comenzar a ser dueños de su funcionamiento. En eso consiste vivir «despierto».

En opinión de Schmedling, la estructura de la personalidad humana tiene tres fases: la primera se produce hasta los diez años, «período en el que el niño acepta y cree indiscriminadamente toda la información que recibe, pues no tiene una referencia con qué compararla». Una vez conformado su sistema de creencias, durante la pubertad —segunda fase—, «el niño revisa la grabación introducida en su mente y se encuentra con información muy confusa, lo que ocasiona la crisis de la adolescencia». La tercera fase suele comenzar alrededor de los dieciocho años, «cuando, una vez revisadas sus creencias, el joven puede decidir voluntariamente qué le gusta, qué le sirve o qué le conviene mantener de su forma de ser, insertando o desechando información». Entonces es cuando «adquiere una enorme importancia verificar los resultados que está obteniendo en su vida para confirmar la veracidad o falsedad de las creencias que le han sido impuestas».

Lo curioso es que algunas personas no vuelven a cambiar la información interiorizada a los dieciocho años. Más que nada porque «las codificaciones se van consolidando en nuestra mente en la medida que pensamos en ellas», apunta Schmedling. Al repetírnos una y otra vez —de forma consciente e inconsciente— determinados mensajes aceptados en nuestra infancia sobre lo que hemos de ser, hacer y poseer para ser aceptados como individuos «normales» por nuestra sociedad, finalmente terminamos convirtiéndonos en «eso» que creemos ser.

Por eso tememos tanto el cambio, porque implica deshacer pilares muy profundos de nuestra psique. Y lo cierto es que normalmente nos resistimos aun sabiendo que nos están comportando malestar y sufrimiento. A eso se refiere el filósofo José Antonio Marina cuando afirma que «la realidad demuestra que ninguna situación cambia hasta que deviene insoportable».

Obtenido este profundo conocimiento de nosotros mismos y más allá de estancarnos en el miedo, empieza el proceso de reprogramación mental. Es decir, de cambiar todas las creencias limitadoras que hemos absorbido de forma inconsciente por pensamientos y afirmaciones conscientes, alineados con la información de sabiduría que hemos corroborado a través de nuestra experiencia personal.

En este punto del proceso es cuando la labor de un *coach* puede resultar decisiva para lograr un cambio profundo en la estructura mental y, en consecuencia, en la personalidad del individuo. Así, en la medida que vayamos desenmascarando aquellas creencias que nos comportan malestar —como que nuestra felicidad depende de algo externo, por ejemplo— podremos irlas sustituyendo por nueva información verificada, como que nuestra felicidad sólo depende de nosotros mismos.

Al cambiar nuestra manera de pensar, poco a poco vamos llevando luz a nuestro modelo mental, que hasta ahora estaba sumergido en la oscuridad. De esta manera, las estructuras rígidas de nuestra personalidad —que nos llevaban a reaccionar automáticamente ante lo que nos sucedía— lentamente se van desintegrando. Éste es el proceso por el que podemos lograr la transformación interior, alcanzando la excelencia en la gestión de nosotros mismos, lo que nos devuelve la felicidad con la que nacimos.

APRENDER A PENSAR CONSCIENTEMENTE

Por mucho apoyo externo que podamos recibir, en última instancia la transformación de nuestra estructura mental depende de nuestra capacidad de esfuerzo y disciplina. De ahí la importancia de aprender a pensar conscientemente, de manera que lenta pero progresivamente nos deshagamos de la ignorancia que tanto sufrimiento nos ha provocado. Sólo así llega un día en que nuestras interpretaciones de lo que nos sucede están basadas en la sabiduría, esto es, en aquella información verificada por nuestra propia experiencia que llena nuestro interior de felicidad, paz y amor.

Es necesario recordar que la ciencia occidental ha demostrado que los pensamientos y las palabras negativas generan una serie de emociones negativas, que envenenan y desgastan muchísimo nuestra salud mental. De hecho, esta ponzoña se va acumulando en nuestro interior, debilitando nuestro sistema inmunológico, lo que suele derivar en somatizaciones y enfermedades físicas. De ahí que muchos *coachs* se hayan especializado en programación neurolingüística (PNL), que persigue el objetivo de sustituir conceptos mentales cuyo significado nos reporta emociones nocivas —como por ejemplo «problema»— por otros que conllevan un enfoque más positivo, como «oportunidad».

Para evitar caer en las garras de la negatividad, lo primero que debemos hacer es observar nuestros pensamientos sin identificarnos con ninguno de ellos. Para lograrlo, es necesario que vayamos creando espacio entre nosotros y nuestra mente por medio de la autoobservación. Hemos de conseguir estar cien por cien presentes aquí y ahora, el único momento que existe en realidad. Este estado de alerta —o de consciencia— es el que nos permite dejar de reaccionar mecánica e impulsivamente, con lo que evitamos envenenar nuestro corazón de emociones negativas.

Una vez familiarizados con el funcionamiento mecánico de nuestra mente —con la que ya no nos identificamos—, podemos comenzar a cambiar nuestra manera de pensar. A este proceso Schmedling lo denomina la «alquimia del pensamiento» y consiste en fomentar que este acto sea «voluntario» (porque la mayoría de los pensamientos son automáticos), «dirigido» (a puntos muy positivos, que nos permitan mejorar nuestra salud psíquica, nuestra energía vital y reestructurar así la mente de forma sabia) y «sostenido» (pues para que la reprogramación se haga efectiva se debe sustituir una y otra vez la información, un proceso que requiere paciencia y tiempo). Se suele recomendar poner en práctica este proceso de entrenamiento como mínimo durante tres meses. Y a partir de ahí, verificar qué nuevos resultados se está obteniendo.

Así, cada vez que nos demos cuenta de que estábamos pensando de forma automática, tenemos la oportunidad de dirigir nuestro pensamiento a lo que estamos haciendo aquí y ahora, viviendo plenamente el momento. Poco a poco descubriremos que la consciencia de nosotros mismos tiene un impacto muy profundo, pues nos renueva y nos llena de energía para generar mayor valor añadido en cualquier acción que estemos desempeñando.

En otras situaciones, en las que no estemos haciendo nada, simplemente estando —como cuando nos duchamos, vamos caminando por la calle, contemplamos un paisaje, esperamos a alguien, hacemos cola en el supermercado, estamos atascados en medio del tráfico, etc.—, si vemos que nuestro pensamiento comienza a boicotearnos, dirigiéndose hacia el pasado o el futuro de forma negativa, podemos pensar en personas, cosas o situaciones agradables que nos traigan paz, alegría y bienestar interior.

Lo importante es no olvidar que cualquier indicio de malestar o sufrimiento encuentra su origen en una creencia limitadora que provoca un pensamiento nocivo. Por tanto, en caso de no poder mantener la mente centrada en el momento presente, hemos de hacernos inmediatamente con el control, redireccionando conscientemente nuestro pensamiento hacia todo lo maravilloso que somos, hacemos, tenemos o nos ha ocurrido a lo largo de nuestra vida.

No está de más recordarnos que todo lo que nos sucede es justamente lo que necesitamos para aprender a ser felices y aprender a aceptar y amar a los demás tal como son; comprender que la vida es un continuo proceso de aprendizaje, donde todo lo que ocurre es necesario y contribuye a transformar definitivamente nuestra estructura mental.

Aceptación y libertad

Nuestro mayor obstáculo para ser felices somos nosotros mismos. Más que nada porque la auténtica batalla siempre se libra en nuestro interior, donde convergen dos fuerzas totalmente opuestas: el amor y el miedo. Al observar más detenidamente nuestra condición humana, comprendemos que la felicidad —como la salud— es nuestra verdadera naturaleza, que saboreamos y preservamos cuando pensamos y obramos con sabiduría.

De ahí que el objetivo final del autoconocimiento y el desarrollo personal sea lograr la libertad e independencia emocional, es decir, que seamos tan dueños de nuestra mente que ninguna circunstancia externa nos haga reaccionar, desbaratando nuestra paz interior. Y lo cierto es que cada vez más seres humanos estamos comprometiéndonos con nuestro «trabajo interior» para abandonar el profundo sueño en el que nos encontrábamos y despertar así a la realidad de la vida: nuestra experiencia sólo depende de las interpretaciones que hacemos de lo que nos sucede.

Eso sí, dado que no podemos vivir sin relacionarnos con los demás, hemos de convertir este aprendizaje en nuestro estilo de vida. Y aunque puede que al principio decidamos aislarnos socialmente, tarde o temprano habremos de volver al mundo, de manera que podamos ser coherentes con el aprendizaje interiorizado. Y no es fácil. Hoy por hoy nuestras relaciones son tan complejas que suelen comportar grandes dosis de insatisfacción y sufrimiento. Así, en mayor o menor medida el conflicto suele ser uno de los rasgos inherentes a la vida de cualquier persona; conflicto con los padres, con los hermanos, con la pareja, con los amigos, con los vecinos, con el jefe, con los compañeros de trabajo e incluso con personas totalmente desconocidas, con las que de tanto en tanto chocamos al cruzarse en nuestro camino.

Debido a la hipervelocidad, el estrés y el cansancio generalizado, la gran mayoría de los desencuentros personales no son más que pequeños malentendidos o rifirrafes intelectuales, que a veces desencadenan auténticas batallas campales. Pero todos estos choques, por muy pequeños que sean, dejan secuelas interiores, convirtiéndonos en los perfectos candidatos para entrar de nuevo en combate. Es un círculo vicioso.

Pero tal como dice el refrán, «dos no se pelean si uno no quiere». Y es que en última instancia, nadie puede hacernos daño. Más allá del maltrato físico, en el que el dolor experimentado sí depende de la conducta agresiva del maltratador, el sufrimiento emocional que sentimos en nuestro interior nos lo provocamos nosotros mismos. Así, nuestro malestar no es una consecuencia de lo que nos pasa, sino de la interpretación egocéntrica que hacemos del hecho en sí.

Si alguien nos insulta, por ejemplo, solemos reaccionar negativa e impulsivamente, sintiéndonos agredidos, dolidos o generándonos miedo por no saber cómo controlar la situación. Pero ahora ya sabemos que esto sólo sucede cuando nuestra mente se identifica con el insulto, segregando veneno en nuestro interior. Además, este tipo de reacciones inconscientes se desencadenan tan deprisa, que creemos equivocadamente que la causa de nuestro malestar procede de afuera, asumiendo el papel de víctima.

Aunque la tónica general es culpar a los demás de lo que nos pasa, en realidad tan sólo podemos ser víctimas de nosotros mismos, de la programación que condiciona nuestra mente. Así, la ignorancia de no saber cómo funciona nuestra compleja condición humana es nuestro mayor enemigo. Y es que frente a ese mismo insulto, también podemos adoptar otra actitud —en vez de reactiva, proactiva— que garantiza nuestra paz interior.

Por muy extraño que parezca, se trata de aceptar el insulto, lo que no quiere decir estar de acuerdo con lo que se ha dicho de nosotros. Aceptar implica reconocer al otro su derecho de hacer y decir lo que considere oportuno, tal y como nosotros también hacemos y decimos lo que queremos. Así, llegado el caso, al lanzar dicho insulto y no haber nadie que lo reciba, la negatividad expulsada se queda en el mismo lugar del que partió: en el interior de su emisor.

Con vistas a alcanzar dicha comprensión, debemos tener en cuenta que, al igual que nosotros, todo el mundo lo hace lo mejor que puede con la información que tiene. Y que para evolucionar es necesario cometer errores que nos permitan aprender. Por eso, cuando alguien nos insulta, infligiéndose primeramente daño a sí mismo, la mejor opción es ponerse en su piel, comprenderlo y aceptarlo, más que nada porque está actuando bajo el embrujo de su ego, con lo que no es consciente de lo que está haciendo. Lo cierto es que las personas más egocéntricas y conflictivas son precisamente las que peor están consigo mismas.

La próxima vez que alguien nos insulte —por seguir con este ejemplo cotidiano, extrapolable a cualquier situación adversa—, seguramente reaccionaremos de forma automática e inconsciente, pero empezaremos a darnos cuenta de cómo actúa el ego. Y es que más allá de contar con la información de sabiduría verificada, es necesario gozar de la suficiente energía para ponerla en práctica. Así, es básico cuidar la alimentación, respirar profundamente más a menudo, practicar ejercicio físico con regularidad, trabajar el pensamiento positivo, iniciarse en el yoga o la meditación y, en definitiva, buscar más momentos para no hacer nada, simplemente ser, estar, descansar, reconectar y relajarse.

Gracias al excedente de energía que genera llevar un estilo de vida equilibrado y saludable, es mucho más fácil dejar de reaccionar impulsivamente y aprender a aceptar lo que no depende de nosotros. Con el paso del tiempo y al ir entrenando de forma consciente, llega un momento en que la realidad externa ya no suele provocarnos malestar con tanta frecuencia y regularidad.

Así, frente a cualquier situación que nos produzca tristeza, angustia o enfado, en vez de buscar culpables fuera de nosotros mismos, podemos asumir mayor protagonismo preguntándonos: «¿Qué es lo que no estoy aceptando?». La respuesta nos ayudará a comprender que «aquello que no somos capaces de aceptar es la única causa de nuestro sufrimiento», señala Schmedling.

Lo curioso es que muchas personas prefieren tener razón y, por tanto, entrar en conflicto para conseguir este objetivo, a preservar su armonía y paz interiores. Pero esta actitud es fruto de vivir bajo la tiranía de la ignorancia y de la inconsciencia, que a su vez nos provoca miedo, desconfianza y necesidad de protección. En definitiva, sufrimos de forma innecesaria por querer que la realidad se adapte a nuestros deseos, expectativas y aspiraciones egocéntricas.

Así, la causa del conflicto entre dos personas se encuentra en que cada una de ellas es víctima de su percepción subjetiva de la realidad, la cual, en el momento de choque, dan por objetiva. Por ello, es importante intentar comprender y aceptar al otro, en vez de querer que nos comprendan y acepten a nosotros primero. Éste es uno de los objetivos del desarrollo personal, encaminado a potenciar nuestra inteligencia emocional, de manera que podamos construir relaciones mucho más conscientes y empáticas, y no tan egocéntricas.

Al ir más allá del ego se produce una expansión de nuestra consciencia, lo que nos permite interactuar con la realidad externa de otra manera, mucho más sabia, objetiva y serena. Al darnos cuenta de que sólo nosotros podemos hacernos daño a través de las interpretaciones mentales que hacemos de lo que nos sucede, empezamos a tomar una nueva actitud frente a la vida. Poco a poco dejamos de reaccionar impulsiva y automáticamente para adoptar la actitud que más nos favorezca en cada momento, es decir, la que consiga preservar nuestra felicidad y paz interiores. Entonces, tener razón se convierte en un propósito tan absurdo e infantil como carente de sentido.

Toda esta filosofía psicológica es la base sobre la que se sustenta el «desarrollo espiritual», que tiene el objetivo de ayudar a que cada ser humano se haga responsable de su propio estado interior, siendo dueño de sí mismo y no víctima de sus circunstancias externas. Como bellamente lo expresó el poeta Amado Nervo: «El signo más evidente de que se ha comprendido la verdad es la paz interior».

XI

Código ético para el uso del Eneagrama

Con la intención de que podamos aprovechar al máximo esta herramienta psicológica, la Asociación Internacional del Eneagrama (IEA) recomienda acogerse al siguiente código ético, acordado por reconocidos expertos y puesto en práctica por profesionales de la difusión del Eneagrama en todo el mundo:

1. Fundamentalmente, el Eneagrama es un instrumento de autoconocimiento y transformación personal. Mantener una atención consciente sobre nuestras propias motivaciones y conductas nos ayuda a evitar caer en las trampas comunes de nuestro eneatipo. El autoconocimiento abarca un cuestionamiento constante de nuestras propias actitudes y defensas, y la transformación requiere de coraje para actuar contra las estructuras y hábitos de nuestras personalidades.

2. Podemos ser un manantial de apoyo entre nosotros. El Eneagrama nos invita a hacernos conscientes de los patrones de defensa habituales y recurrentes. En este sentido, cada uno de nosotros sirve para recordar a los demás las diferencias entre nosotros y la cohesión de los diferentes puntos de vista. La doctrina y la teoría son mucho menos importantes que mantener abierto el diálogo.

3. Permitimos a los demás identificarse por su cuenta. El

Eneagrama tiene profundos efectos sobre las personas. Es mucho más eficaz permitir a los demás descubrir su eneatipo que asumir conocerlos mejor de lo que ellos se conocen a sí mismos. Buscamos permanecer sensibles a sus reacciones, a su cambio de la visión de sí mismos y a su necesidad de integrar la nueva información.

4. El eneatipo no describe completamente a un individuo. El Eneagrama no nos dice nada significativo acerca de la historia de las personas o la calidad de su carácter, inteligencia o talentos; las personas son más que su eneatipo. Reconocemos que ser conscientes de esto tiene particular importancia en el entorno de trabajo.

5. El Eneagrama es una herramienta importante para la compasión. Comprender las intenciones y la lógica de los otros tipos hace menos posible que rechacemos, juzguemos o desvaloricemos a nadie. Escuchamos atentamente las historias individuales; reconocemos no saber quién es cada uno por el mero conocimiento de su eneatipo. La tendencia a aplicar estereotipos indica una mentalidad cerrada, que asume conocer siempre la actitud y la motivación de las personas, surge en gran parte a causa de los encuentros negativos con alguien del mismo eneatipo en el pasado, y limita nuestro crecimiento y las oportunidades del presente.

6. El Eneagrama es una disciplina en desarrollo. Muchos han contribuido a su progreso y muchos lo harán en el futuro; es así como resulta apropiado ser explícitos al dar crédito al trabajo de los demás, nombrando nuestras diferentes fuentes y honrando la originalidad y duro trabajo de otros aportantes. Lo asumimos cada uno de nosotros para mantener estándares académicos que promuevan una atmósfera colegiada en el compartir de la información.

7. Ningún individuo es dueño del Eneagrama. El Eneagra-

ma no puede ser controlado, monopolizado o excluido de la discusión pública. Restringir el derecho de comunicar, desarrollar y compartir la información acerca del sistema es opuesto al espíritu de liberación y capacitación del Eneagrama.

8. El Eneagrama nos impulsa a recorrer el camino de la transformación. El Eneagrama nos alienta a personificar el trabajo de la transformación en nosotros mismos, para erigirnos en ejemplos vivos de la búsqueda del ser y el cambio práctico al servicio de la liberación espiritual.

Bibliografía sobre el Eneagrama

CARRIÓN, Salvador, *Eneagrama y PNL.* Gaia Ediciones, 2007.

DHIRAVAMSA, *Meditación Vipassana y Eneagrama.* La Liebre de Marzo, 2007.

DURÁN, Carmen y CATALÁN, Antonio, *Eneagrama.* Kairós, 2009.

LAPID-BOGDA, Ginger, *Eneagrama y éxito personal.* Ediciones Urano, 2006.

MAITRI, Sandra, *La dimensión espiritual del Eneagrama.* La Liebre de Marzo, 2004.

MELENDO, Maite, *En tu centro: el Eneagrama.* Sal Terrae, 1997.

—, *Vivencias desde el Eneagrama.* Editorial Desclée de Brouwer, 1999.

NARANJO, Claudio, *Carácter y neurosis: una visión integradora.* La Llave, 1996.

—, *El Eneagrama de la sociedad.* La Llave, 2000.

—, *27 personajes en busca del ser.* La Llave, 2012.

PALMER, Helen, *El Eneagrama.* La Liebre de Marzo, 1996.

RISO, Don Richard, *Cambia con el Eneagrama.* Ediciones Mensajero, 2001.

RISO, Don Richard y HUDSON, Russ, *La sabiduría del Eneagrama.* Ediciones Urano, 2000.

Agradecimientos

Me siento tan afortunado de haber compartido algún momento de mi existencia con tantas personas maravillosas, que, si tuviera que nombrarlas a todas, necesitaría escribir otro libro. Sin embargo, aprovecho estas líneas para darles las gracias a mis padres, Carmina y Félix, por la libertad que me han dado para seguir mi camino en la vida. A mis hermanos, Verónica y Santiago, de quienes tanto he aprendido. A mi mujer, Irene Orce, por ser lo mejor que me ha pasado en todas mis vidas. A mis hijos Lucía y Lucas, por regalarme un nuevo y apasionante viaje de aprendizaje hacia lo más profundo de mis luces y mis sombras. A mis queridos amigos Pepe Barguñó, Marc Bonavía, Josep Burcet, Gregory Norris-Cervetto, Andrés Zuzunaga, Víctor Ángel, Jorge Oses, Alejandra Coll, David Victori, José María Font, Javier Muñoz de Baena, Sebastián Skira, Edu Viladomiu, Gonzalo Vilar, Willy Acosta, Aleix Mercadé, Víctor Pellerín, Joaquín Gay, Amadeu Rubió, Albert Dansa, Juan Olano, Iñaki Ormazabal y Peter De Wagnen, con los que aprendo cada día a ser más consciente, o al menos a intentar serlo. Al gran sabio, Gerardo Schmedling, por mostrarme el umbral de la puerta que siempre había querido cruzar. A Pilarín Romero de Tejada, por enseñarme a través de su ejemplo lo que significa el amor incondicional. A María Oromí, por ser la primera en hablarme acerca de la psicología de la personalidad. A Maite Melendo, por compartir conmigo la sabiduría del Eneagrama. A Iñaki Piñuel, por animarme con tanta pasión a escribir sobre esta herramienta de autoconocimiento. A Jordi Nadal, por darme la oportunidad de publicar este libro en 2008. A Cristina Armiñana, por permitirme reescribir por segunda vez este libro en 2013. A Oriol Masià, por dejarme reescribir por tercera y última vez este libro en 2019, esperando que de este modo siga con vida durante muchos años más. Al resto de los profesionales tanto de Plataforma como de Debolsillo, por enriquecer este libro con su entusiasmo y dedicación. A mi agente literaria, Sandra Bruna, por confiar en mí desde el principio. A los colaboradores de mi empresa, con quienes es un placer liarla tan parda. A los participantes del curso «Encantado de conocerme» —incluyendo a los alumnos del máster de Desarrollo Personal y Liderazgo, así como a los chavales de La Akademia—, con quienes desde 2006 verifico año tras año que el ser humano tiene un potencial de amor, sabiduría y creatividad absolutamente ilimitado. Y cómo no, también quiero darte las gracias a ti, querido lector, por estar al otro lado. Sin duda alguna tú eres la principal razón por la que me animé a escribir este libro.